# Trenn

# Trennkost

## Die besten Rezepte von Ursula Summm

BASSERMANN

Bei diesem Buch handelt es sich um die Zusammenfassung von zwei der erfolgreichsten Trennkostbücher aus dem FALKEN Verlag: „Trennkost" (ISBN 3-8068-4298-1) und „Die aktuelle Trennkost" (ISBN 3-8068-4685-5).

ISBN 3 8094 0279 6



**Umschlaggestaltung:** Peter Udo Pinzer
**Titelbild:** TLC Foto-Studio GmbH, Velen-Ramsdorf
**Herstellung:** Norbert Happel
**Fotos:** TLC Foto-Studio GmbH, Velen-Ramsdorf
**Zeichnung:** Gerhard Scholz, Dornburg



**Satz:** Libro, Kriftel
**Gesamtkonzeption:** Bassermann'sche Verlagsbuchhandlung, D-65527 Niedernhausen/Ts.

048110495X7 2635 4453 62

# INHALT

# Vorwort

Gehören auch Sie immer noch zu den Menschen, die fortwährend eine Diät nach der anderen ausprobieren und trotzdem ihr schlankes Ziel nie erreichen?
Auch ich litt bis 1980 unter meiner molligen Figur und fand nirgends einen Menschen, der mir aus dieser verzweifelten Situation heraushalf.
Ich habe am eigenen Leibe alle Qualen des Dickseins durchlitten und sämtliche angebotenen Diätarten ausprobiert. Immer mit dem gleichen Erfolg. Nach einer Gewichtsabnahme zeigte meine Waage kurze Zeit später mehr Pfunde an als zuvor.
Heute weiß ich, daß Diäten, Kurzkuren oder einseitige Ernährungsformen auf Dauer nicht durchführbar sind, sondern sogar sehr schädlich sein können. Sie sind von Anfang an zum Scheitern verurteilt, da man nicht sein ganzes Leben lang nur Eier, Ananas oder Fleisch zu sich nehmen kann.
Schlimmer noch, durch den Essensentzug und die Selbstkasteiung arbeitet die körpereigene Verbrennung auf Sparflamme und ist nach einer Diät nicht mehr fähig, die volle Kalorienzahl zu verbrennen. Es kommt unweigerlich anschließend bei kalorienreicher Normalkost wieder zu einer Gewichtszunahme. Und meistens nahm man mehr zu, als man vorher abgenommen hatte.
Was mich jedoch immer stark beeindruckte, waren die momentanen Erfolge diverser Diäten. Nahm ich nur Würstchen zu mir, konnte man sehen, wie die Pfunde purzelten; das gleiche mit Kartoffeln oder Eiern. Selbst wenn ich drei Tage nur Schokolade verzehrte, verlor ich an Gewicht. Wo liegt hier das Geheimnis? Wie kann man mit einer einseitigen Ernährung und verhältnismäßig hoher Kalorienzahl abnehmen?
Von diesem Zeitpunkt an arbeitete ich wie besessen viele Fachbücher und Werke anerkannter Ernährungsforscher, Ärzte und Wissenschaftler durch. Irgendwo mußte es eine Erklärung für dieses seltsame Verhalten des Körpers geben.
Durch Zufall entdeckte ich die Lehre der Hayschen Trennkost. Was ich hier fand, ließ mich vieles verstehen. Ich begann die Reaktionen meines Körpers zu studieren und wurde zum eigenen Versuchskaninchen. Ich lernte den Ablauf der Verdauung kennen, und mir wurde bewußt, daß die richtige Zusammensetzung einer Mahlzeit die

Hauptrolle bei einer Gewichtsreduzierung spielt. Mir wurde klar, daß nicht das Essen mein Gegner war, sondern der Hunger. Wer kann schon ewig hungern?

Essen ist eine Lebensfreude, verzichten wir darauf, beginnt unsere Seele zu weinen. Was anschließend passiert, weiß jeder aus eigener Erfahrung zu berichten. Frustrierende Gefühle schleichen sich ein. Anfangs wirft man nur neidvolle Blicke auf all diejenigen, die essen können, ohne je Gewichtsprobleme gehabt zu haben, später reagiert man aggressiv und ist dem Heulen näher als dem Lachen.

Meine Tests an mir selbst wurden immer intensiver. Ich erinnerte mich an Erzählungen meiner Mutter, die früher acht Kartoffelklöße aß, ohne zuzunehmen. Sollte wirklich der wahre Grund des Übergewichtes vielleicht ganz einfach in falsch kombinierten Speisen liegen? Hatte ich mit dieser Vermutung wirklich das Geheimnis des Abnehmens entdeckt? Offenbar war ich einer wunderbaren Sache auf der Spur.

In dieser Zeit der Entdeckungen leisteten mir Dr. Ludwig Walb und seine Frau Ilse Walb in persönlichen Gesprächen und mit ihrem Erfolgsbuch über die Haysche Trennkost sehr große Hilfe.

# Was sagt das Konzept der Hayschen Trennkost?

Die Haysche Trennkost ist benannt nach dem amerikanischen Arzt Dr. Howard Hay. Er trennte die Nahrungsmittel in eiweißreiche und kohlenhydratreiche und teilte den menschlichen Körper in chemische Elemente auf. Durch die Trennung und das richtige Verhältnis von säurebildenden und basenbildenden Nahrungsmitteln in der Kost ist es ihm gelungen, sich selbst von einem schweren Nierenleiden zu heilen.

Säurebildner sind alle Eiweiße und Kohlenhydrate (siehe Trennungsplan Seite 16). Essen wir zuviel davon, kommt es zu einer Übersäuerung des Körpers. Dieser wird mit den anfallenden Schlackenstoffen nicht mehr fertig und wehrt sich anfangs mit einer bleiernen Müdigkeit. Durch eine ungünstig zusammengestellte Ernährung können bei bestehender Disposition bekannte Zivilisationskrankheiten entstehen.

Basenbildende Nahrungsmittel, wie Gemüse, Salate, Rohkost und Obst, sind nach Meinung von Dr. Hay fähig, die Säuren in unserem Körper zu neutralisieren und über Nieren und Darm abzuführen. Ihr Anteil auf dem Speisezettel sollte viermal so hoch sein wie der an kohlenhydrat- und eiweißkonzentrierten Nahrungsmitteln.

Nach diesen Erkenntnissen trennte ich bei allen Speisen die Eiweiße von den Kohlenhydraten, und das Wunder geschah. Mein Erstaunen war riesig, noch glaubte ich nicht an den Erfolg. Täglich wartete ich auf einen Rückschlag. Doch dieses einfache System der Trennung von Eiweißen und Kohlenhydraten half mir, 30 Pfund innerhalb eines Jahres abzuspecken, ohne zu hungern oder zu fasten.

Im Freundeskreis blieb das nicht lange verborgen, jeder wollte nach dieser Methode abnehmen. Schließlich entschloß ich mich, mein Leben der Aufgabe zu widmen, übergewichtigen Menschen zur schlanken Figur und damit zu einem attraktiveren Aussehen und mehr Gesundheit zu verhelfen und gründete meine ersten Gruppen zur gemeinsamen Gewichtsreduzierung.

## Essen ist hier eine Pflicht

Als erstes streichen Sie das Wort Hunger aus Ihrem Sprachschatz, denn mit diesem Buch werden Sie die Zeiten vergessen, in denen Sie Ihren Körper durch Selbstzüchtigung und Entbehrung regelrecht verhungern und ausdörren ließen. Sie müssen essen und trinken, sonst wird die körpereigene Verbrennung zu stark reduziert. Auch das morgendliche Frühstück ist von größter Wichtigkeit. Das Kalorieneinsparen vormittags hilft bei einer Gewichtsabnahme überhaupt nicht, sondern bewirkt, daß unser Organismus einfach weiterschläft.

Jeder Motor braucht eine richtige Zusammensetzung seiner Betriebsstoffe. Jedes Tier in der Natur ernährt sich nach seinen Richtlinien, nur der Mensch glaubt von sich selbst, Völlerei und anschließend strenges Fasten verkraften zu können. Es gäbe schon längst nicht mehr so viele Mollige, würden wir die chemischen Gesetze unseres Körpers beachten.

## Stoffwechselvorgänge unseres Körpers

Unser Körper ist mit einer kleinen chemischen Fabrik vergleichbar. Die Nahrungsmittel, die wir zu uns nehmen, werden durch chemische Prozesse mit Hilfe von Verdauungssäften verdaut und ihre Bausteine werden aufgenommen. Beachtet man diese körpereigenen Gesetze nicht, so kommt es unweigerlich zu Störungen in unserem Verdauungssystem.

Um eiweißreiche Lebensmittel wie Fleisch, Fisch, Käse oder Eier zu verarbeiten, benötigt der Körper unbedingt das Verdauungsenzym des Magens, das Pepsin. Dieses wird in Verbindung mit Salzsäure im Magen aktiviert. Die Salzsäure und das Pepsin beginnen mit der Zerlegung der Eiweiße in kleine Bausteine, die sogenannten Peptide. Der nun pastenartige Speisebrei aus Magensäure und kräftig durchgemischter Nahrung verläßt den Magen nicht sofort, sondern wird dort zunächst gespeichert und dann in kleinen Portionen an den Dünndarm abgegeben.

Dagegen ist die Verarbeitung der Kohlenhydrate aus Lebensmitteln wie Getreide, Kartoffeln, Nudeln, Reis oder Brot abhängig vom schwächeren Ferment Amylase, das schon während des Kauens im Speichel abgesondert wird.

Im Magen selbst werden keine Enzyme für die Kohlenhydratverdauung hergestellt. Doch die Wirkung der Amylase bleibt so lange erhalten, bis der Mageninhalt mit Salzsäure vermischt wird.

Ißt man nun eiweiß- und kohlenhydrathaltige Speisen zusammen, so behindert man, nach dem Konzept von Dr. Hay, die Wirksamkeit der Amylase. Dadurch gelangen die kohlenhydrathaltigen Nahrungsmittel unverdaut in den Dünndarm.

Der Dünndarm ist mit insgesamt etwa fünf Metern der längste Abschnitt des Verdauungstraktes. Er hat die Hauptverdauungsarbeit zu leisten; dabei behilflich sind ihm die Leber, die Galle und die Bauchspeicheldrüse. Die Bauchspeicheldrüse hat mehrere Funktionen zu erfüllen. Einmal produziert sie Insulin, zum anderen Glukagon, die beide als Hormone ins Blut abgegeben werden. Insulin wirkt blutzuckersenkend, Glukagon wirkt blutzuckersteigernd.

Doch damit hat die Bauchspeicheldrüse ihre Aufgabe noch lange nicht erfüllt, denn die Drüsenläppchen stellen auch die Verdauungsenzyme Trypsin und Chymotrypsin (eiweißspaltende Enzyme), Amylase (kohlenhydratspaltendes Enzym) und Lipase (fettverdauendes Enzym) her, die in den Darm abgegeben werden. Die Kohlenhydrate werden zu einfachen Zuckern, die Eiweiße zu Aminosäuren und die Fette zu Fettsäuren und Glycerin abgebaut. Ohne Enzyme oder ihre Wirkung kann keine Verdauung stattfinden.

Stellt man nun seine Nahrung ungünstig zusammen, so wird die Bauchspeicheldrüse überfordert. Es kommt zu einer verzögerten und möglicherweise unvollständigen Verdauung, und es kann anschließend durch die Wärme und Feuchtigkeit im Darm zu einer Gärungs- und Fäulnisbildung durch die Darmflora kommen.

Für die Aufnahme der Fette, Zucker, Aminosäuren und anderer Nährstoffe wie Vitamine und Mineralstoffe besitzt die Oberfläche der Dünndarmschleimhaut etwa 10 Millionen fadenförmige Darmzotten. Die Spitzen dieser Zotten sind direkt vom Nahrungsbrei umgeben, und durch verschiedene Transportmechanismen werden die Nährstoffe in den Organismus aufgenommen. In Verbindung mit diesen Vorgängen entstand das verbreitete Vorurteil, daß Beilagen Dickmacher seien, aber Steaks mit Salat bei vielen Schlankheitsdiätarten als wertvoll angepriesen werden. Dabei sind Getreide, Kartoffeln, Reis, Nudeln oder Brot ein wichtiger Bestandteil unserer gesunden Ernährung. Außerdem ist allen, die schon des öfteren

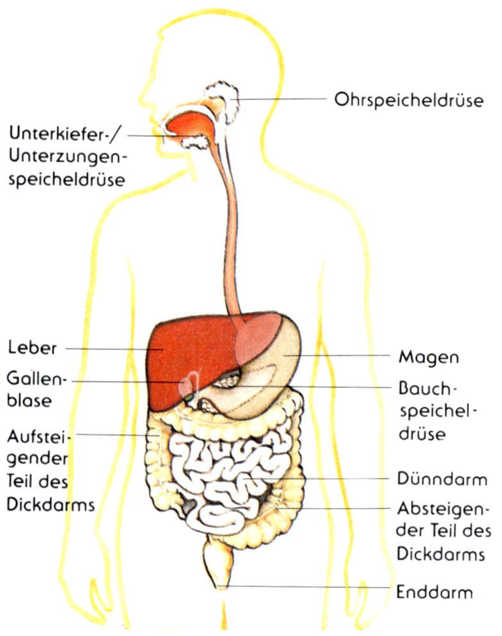


eine Diät machten, die Kartoffel- oder 7-Tage-Körnerkur zur Gewichtsabnahme bestens bekannt. Damit man aber nicht wieder in die Tretmühle der Einseitigkeit gerät, ist die Trennkost, bedingt durch ihre Vielfalt und Abwechslung, die ideale Ernährungsform.

Von Gegnern der Trennkost wurde des öfteren argumentiert, daß eine Trennung von Eiweiß und Kohlenhydraten nicht möglich sei. Dies ist richtig, denn es gibt keine hundertprozentige Trennung, da zahlreiche Lebensmittel von Natur aus beide Nährstoffe enthalten. In der Trennkost wird daher lediglich eine Trennung der Extreme angestrebt. Leider sehen auch heute noch viele die Trennung als schwer durchführbar an, teilweise sogar als gesundheitsschädigend. Dabei konnte man schon bei den Steinzeitmenschen Parallelen zur Trennkost beobachten. Vormittags gingen sie zur Jagd und verzehrten anschließend ihr Erlegtes. Nachmittags sammelten sie Wurzeln, Knollen und Kräuter.

Selbst wenn man nicht bis in die Steinzeit zurückforschen möchte, hat eine ganze Nation während des letzten Krieges und der Nachkriegsjahre unbewußt die Trennkost praktiziert. Es gab hauptsächlich Getreide, Kartoffeln, Kraut, Rüben und Kohl. Die vielen Wohlstandskrankheiten, wie wir sie heute kennen, oder die großen Probleme mit dem Übergewicht waren damals eine Seltenheit.

# Die vollwertige Trennkost

Ich bin keine Ernährungswissenschaftlerin. Meine Erkenntnisse beruhen auf der jahrelangen Erfahrung, die ich in meinen für Übergewichtige organisierten Gruppen mit weit über tausend Menschen gesammelt habe. Ich hatte mir diese wundervolle Aufgabe gestellt, Hilfesuchenden eine Stütze zu bieten, da mir diese Hilfe in meiner molligen Zeit niemals zuteil wurde.

In den Jahren intensiver Bemühungen und Beobachtungen an mir selbst und meinen Schützlingen konnte ich das Programm der Trennkost ständig verbessern und vereinfachen.

Mir ist es gelungen, die Trennkost mit der Vollwertkost zu verknüpfen. Daraus ist keine Diät entstanden, sondern eine Ernährungsform, die man sein ganzes Leben durchführen kann und die den Körper optimal mit allen lebenswichtigen Nährstoffen versorgt.

Mein guter Gesundheitszustand, der mir von mehreren Ärzten bestätigt wurde, und die gleichmäßige Gewichtsabnahme der Gruppenmitglieder beweisen immer wieder die Gültigkeit meines neuen Konzeptes der Trennkost.

Übergewicht hat seine Ursachen nicht nur in falsch kombinierten Speisen, sondern ebenso im Verzehr von denaturierten Nahrungsmitteln. Unsere heutige Zivilisationskost besteht in erster Linie aus Weißmehlprodukten, aus Nahrungsmitteln mit viel verborgenen tierischen Fetten, konservierten Gemüsen und Fertiggerichten, gezuckerten Speisen wie Pudding, Gebäck und Eis.

Verbraucherstatistiken zeigen immer deutlicher den zunehmenden Verbrauch dieser Nahrungsmittel an. Wenn man diese Speisen wirklich nur gelegentlich zu sich nimmt, ist dagegen sicher nichts einzuwenden. Doch sollte man wissen, daß solche Kost zwar den täglichen Kalorienbedarf deckt, aber die lebensnotwendigen Vitamine, Mineralstoffe, Enzyme und Ballaststoffe dem Körper vorenthält. Tatsache ist, daß der Mensch heutzutage zwar ein sehr hohes Alter erreichen kann, doch Stoffwechselstörungen, Herz-Kreislauf-Erkrankungen, Arterienverkalkung, Arthritis, Gicht, Arthrose, Rheuma und Diabetes begleiten ihn ab dem 40. Lebensjahr immer häufiger. Jeder dritte hat Übergewicht. Fakten, über die man nachdenken sollte.

Eine der ersten und wichtigsten Regeln zur gesunden, schlanken Figur wäre ein Zurück zur Natur. Es macht Spaß, sich mit natürlichen Nahrungsmitteln zu beschäftigen. Immer deutlicher wird man erkennen, daß naturbelassene Speisen einen sehr hohen Sättigungswert besitzen und außerdem geschmacklich mehr zu bieten haben als Fertiggerichte und Konserven.
Speziell Vollkornprodukte sind wegen ihres hohen Gehaltes an Vitaminen, Mineral- und Ballaststoffen besonders wichtig bei der täglichen Nahrungsaufnahme. Deshalb sollte Getreide unbedingt in gekochter und zubereiteter Form oder auch roh im Müsli verwendet werden. Wer sich anfangs die Investition einer Getreidemühle nicht leisten möchte, kann sich sein Getreide in grünen Läden oder Reformhäusern kostenlos mahlen lassen.
Sie sollten immer daran denken: Weißmehlprodukte – wie helle Nudeln, Kuchen, Gebäck, Pfannkuchen, Weißbrot und andere – sind zur Gewichtsabnahme nicht geeignet. Aus Auszugsmehlen hergestellte Speisen enthalten kaum noch Vitamine, Mineralstoffe, Spurenelemente und Ballaststoffe. Es sind „leere" Kalorien, die den Darm bei seiner täglichen Arbeit behindern. Denn die Ballaststoffe bestimmen, wie lange eine Nahrung im Darm verweilt, sie bringen sozusagen das Innenleben auf Trab, und sie gelangen beinahe unverändert vom Magen in den Dickdarm.
Dank ihrer hohen Quellfähigkeit binden sie Wasser, vergrößern das Volumen des Darminhaltes und regen den Darm zur stärkeren Bewegung an. Dabei binden sie auch schädliche Stoffe, entgiften und entwässern also gleichzeitig. So sind sie äußerst wirksam bei Darmträgheit, Verstopfung und Übergewicht. Ballaststoffe sind unverdauliche Bestandteile pflanzlicher Nahrungsmittel, also das Fasergerüst von Gemüsen, Salaten, Getreide und Obst. Sie erzeugen durch ihre Füll- und Quellwirkung ein anhaltendes Sättigungsgefühl, ohne daß sie dem Körper mehr Kalorien zuführen. Auch Diabetikern wird eine ballaststoffreiche Kost empfohlen.
Ein weiteres sehr großes Problem ist der allgemein hohe Zuckerverbrauch. Zucker gehört heute zu den beliebtesten Genußmitteln. Er besteht ausschließlich aus Kohlenhydraten und enthält keine nennenswerten Nährstoffe oder gesundheitsfördernde Substanzen. Er liefert nur eines: Kalorien! Zucker beeinträchtigt die Wirkung der Verdauungssäfte, macht müde, und man gewöhnt sich sehr leicht an den süßen Geschmack. Hier kann ich aus eigener Erfahrung sprechen, da ich selbst ein Liebhaber von Süßigkeiten war und früher unter einer schweren „Zuckersucht" litt. Es passierte mir täglich, daß mich ein Heißhunger nach Süßem überfiel. Einmal angefangen, konnte ich mich nicht mehr beherrschen und stopfte Unmengen von Schokolade in mich hinein, bis es mir übel wurde. Heute genügt mir eine Handvoll Rosinen, gemischt mit Mandeln, oder als Zwischenmahlzeit eine reife Banane mit ein wenig Schlagsahne, verziert mit Mandelsplittern und einem Schuß Ahornsirup. Die süßen Rezepte in diesem Buch beweisen, daß auch ein verwöhnter Gaumen mit natürlich gesüßten Schleckereien voll befriedigt werden kann und auf nichts zu verzichten braucht.
Empfehlenswert zum Süßen sind naturreine, kaltgeschleuderte Honige, Ahornsirup, Apfel- und Birnendicksaft, ungeschwefelte getrocknete Früchte wie Pflaumen, Aprikosen, Feigen und Rosinen.

## Öle und Fette

Entscheidend für eine vollwertige Ernährung ist auch der richtige Gebrauch von Fetten und Ölen. Obwohl diese Nahrungsmittel in der Trennkost als neutral bewertet werden, sollte man doch eine übermäßige Zufuhr vermeiden, da Fett der kalorienreichste unter den Hauptnährstoffen ist. In vernünftigen Mengen und in naturbelassener Form genossen macht es nicht dick, sondern führt dem Körper essentielle Fettsäuren und fettlösliche Vitamine zu, die er selber nicht herstellen kann.
Empfehlenswert sind naturbelassene, kaltgepreßte, unraffinierte Öle wie Leinsamenöl, Distelöl, Sonnenblumenöl, Weizenkeimöl, Maiskeimöl oder Olivenöl, außerdem Butter und ungehärtete, naturbelassene Pflanzenfette mit einem hohen Anteil an ungesättigten Fettsäuren. Überhitzen und starke Bräunung sollten vermieden werden. Nicht empfehlenswert sind alle raffinierten Öle und gehärteten Fette, wie viele der Margarinesorten oder Platten- und Kunstspeisefette.

Bevorzugen Sie kaltgepreßte, pflanzliche Öle und achten Sie auf versteckte tierische Fette.

## Der Wert von Schweinefleisch in unserer Ernährung

Fleisch ist in Mengen genossen ungesund. Das teilweise kalorienarme „schnelle Steak" kann bei zu häufigem Genuß eine Eiweißüberernährung verursachen. Die Folgeschäden, die sich einstellen können, sind Verdauungsstörungen, bei gegebener Disposition Gicht und möglicherweise auch rheumatische Erkrankungen.
Besonders das Fleisch vom Schwein spielt in unserer Ernährung eine sehr große Rolle. Zugegeben, die Zubereitung bereitet wenig Mühe, auch der Geldbeutel wird nicht übermäßig strapaziert. Trotzdem gibt es viele Fakten, die gegen Schweinefleisch sprechen, zum Beispiel die Massentierhaltung. Ein kleines Ferkel wird innerhalb von 200 Tagen auf ein Schlachtgewicht von 80–120 kg gebracht, wobei es außer Beton, Stroh und industriell hergestelltem Tierfutter nichts anderes zu sehen bekommt.
Vor 20 bis 30 Jahren bekam ein Schwein abwechslungsreicheres Futter als heute (Speisereste, Kartoffeln sowie Kartoffelschalen und anderes), lief im Stall oder auf der Wiese herum und wuchs langsamer. Heute bekommt es weniger, dafür aber konzentriertere Nahrung und wächst doppelt so schnell.
Aufmerksam auf die negativen Einflüsse der Tierhaltung, auf die Fleischqualität und die des Schweinefleisches wiederum auf den menschlichen Körper wurde ich erst durch die Lektüre des Buches „Schweinefleisch und Deine Gesundheit" von Dr. Reckeweg, Aurelia Verlag, Baden-Baden. Dort fand ich endlich die Bestätigung für meine Vermutung, daß der Genuß von Schweinefleisch unbedingt mit dem „Dickwerden" in Verbindung gebracht werden muß.
Mit diesem Hinweis auf das Buch von Dr. Reckeweg möchte ich niemanden seiner persönlichen Freiheit berauben, Schweinefleisch zu essen oder nicht, sondern lediglich darum bitten, daß sich jeder sein eigenes Urteil bilde.

# Richtig trennen leicht gemacht

## Der Umschalttag

Um den Körper auf eine Gewichtsreduzierung gut vorzubereiten, sollte man unbedingt als erstes einen Umschalttag einlegen, an dem man nur Obst, Säfte, Gemüse oder Reis zu sich nimmt.

| | |
|---|---|
| **Obsttag:** | 3 Pfund Obst der Saison (keine Bananen, frische Feigen und frische Datteln) |
| **Gemüse-Rohkost-Tag:** | 3 Pfund Gemüse oder Salate, roh oder gedünstet, ohne Salz und Fett zubereitet |
| **Reistag:** | 3mal am Tag 60 g Naturreis (roh gewogen), der gekocht und mit etwas ungesüßtem Apfelbrei aus gelagerten Früchten (keinen Süßstoff verwenden) verzehrt wird |

Sehr empfehlenswert ist auch meine ballaststoffreiche **„Abnehmsuppe“**, die sich in meinen Seminaren für Übergewichtige bestens bewährt hat. Sie wirkt nicht nur stark entwässernd und entschlackend, sondern besitzt außerdem einen hohen Sättigungswert, der bei einem reinen Obst- oder Safttag nicht in dem Maße gewährleistet ist.

Diese Suppe besteht aus: 3 Kartoffeln
3 Stangen Lauch
3 Zwiebeln
1 Stück Sellerie

Das Gewicht der Zutaten spielt hier keine Rolle. Die Suppe wird zubereitet, indem man zunächst die Kartoffeln schält oder bürstet. Das Gemüse wird geputzt, zerkleinert, in einen Topf gegeben und mit Wasser aufgefüllt. Verwenden Sie kein Salz, sondern nur Kräuter (frisch oder getrocknet), wie Knoblauch oder Petersilie.

Bei allen vier Vorschlägen sollten Sie unbedingt zusätzlich viel Flüssigkeit aufnehmen und zwar in Form verschiedener Tees (Früchtetee, Hagebuttentee, Brennesseltee und andere) oder stillen Wassern, die streng natriumarm sein müssen.

Nach dem Umschalttag kann die Trennkost beginnen!

## Hinweise zum Trennungsplan

Anhand des Trennungsplanes (siehe Seite 16/17) erhalten Sie den genauen Überblick, was zu den Eiweißen (im folgenden immer blau markiert) und zu den Kohlenhydraten (im folgenden immer rot markiert) gehört. Die dritte Spalte besteht aus der neutralen Kost (im folgenden immer grau markiert). Neutral bedeutet, daß diese Nahrungsmittel teilweise leichter verdaulich sind. Dazu gehören alle ungesättigten Milchprodukte und Weißkäsesorten. Auch rohe oder roh geräucherte Fleisch-, Wurst- und Fischsorten gelten als neutral, denn erhitzte Eiweiße sind in ihrer Struktur verändert.

Die Fette, wie Butter, Öle, Rahm und dergleichen, werden von den Lipasen (fettspaltende Enzyme) in Fettsäuren und Glyzerin umgewandelt. Durch das Experimentieren an mir selbst und an vielen meiner Abnehmwilligen konnte ich feststellen, daß diese neutralen Nahrungsmittel ohne Bedenken mit den Eiweißen oder den Kohlenhydraten gemischt werden können. Nur sollte das Verhältnis Eiweiß : Kohlenhydraten : neutraler Kost unbedingt stimmen (siehe Mengenplan Seite 18). Erfreulicherweise werden Sie bei dieser Trennkost bemerken, daß nicht nur die Pfunde purzeln, sondern auch gesundheitliche Beschwerden wie Sodbrennen, Völlegefühl und Verdauungsbeschwerden verschwinden.

## Trennungsplan

Innerhalb einer Mahlzeit dürfen zur Eiweiß- und zur Kohlenhydratgruppe gehörende Lebensmittel nicht gemischt werden. Folgende Kombinationen sind aber möglich:

- Lebensmittel aus der Eiweiß- und der neutralen Gruppe
- Lebensmittel aus der Kohlenhydrat- und der neutralen Gruppe.

### Eiweißgruppe

**Alle Fleischsorten im gegarten Zustand**
Das sind z. B.:
vom Rind: Braten, Rouladen, Gulasch, Steaks, Hackfleischgerichte, Sauerbraten, Geschnetzeltes;
vom Kalb: Schnitzel, Braten;
von Lamm und Hammel: Kotelett, Rücken, Keule;
Schweinefleisch ist nicht empfehlenswert;
**alle gegarten Geflügelsorten,** z. B. Putenrollbraten, -schnitzel und -brust sowie Putengeschnetzeltes, Gans, Ente, Grillhähnchen, Poulardenbrust;
**alle gegarten Wurstsorten,** z. B. gebratene Bratwurst, Fleischwurst, Leberkäse, Rindswurst, Knakker, Corned beef, gekochter Schinken, Geflügelwurst (Wurstwaren aus Schweinefleisch sind nicht empfehlenswert, aber viele Wurstsorten sind auch ohne Zusatz von Schweinefleisch erhältlich);
**alle ungeräucherten, gegarten Fischsorten sowie Schalen- und Krustentiere im gegarten Zustand,** z. B. Scholle, Kabeljau, Seelachs, Lachs, Thunfisch, Makrele, Heilbutt, Hering, Hecht, Forelle, Muscheln, Garnelen, Hummer, Krebse;
**alle Sojaprodukte,** z. B. Tofu, Sojasauce sowie mit Soja hergestellte Brotaufstriche;
**Eier;**
**Milch** aller Fettstufen;
**alle Käsesorten mit höchstens 50% Fett i. Tr.,** z. B. Harzer, Parmesan, Emmentaler, Edamer, Gouda, Tilsiter;
**gekochte Tomaten** (auch aus der Dose);
**Getränke,** z. B. Früchtetee, Apfelwein, herber Weiß- und Rotwein sowie Sekt;
**alle Beerenfrüchte (außer Heidelbeeren);**
**alle Kern- (außer mürben, süßen Äpfeln) und Steinobstsorten sowie alle Zitrusfrüchte** (z. B. Orangen, Zitronen und Grapefruits);
**alle exotischen Obstsorten** (außer Bananen), z. B. Mangos, Papayas, Kiwis, Melonen. (Dr. Hay ordnet säurereiche Obstsorten zwar der Eiweißgruppe zu, jedoch hat es sich in meinen Gruppen bewährt, nur geringe Mengen davon mit anderen Lebensmitteln aus der Eiweißgruppe zu mischen. Oder essen Sie diese Obstsorten nur zusammen mit Milch oder angesäuerten Milchprodukten.)

Tips: Verwenden Sie zum Panieren von Lebensmitteln aus der Eiweißgruppe keine Semmelbrösel, sondern Sesam oder gemahlene Mandeln.
Frikadellen werden statt mit Brötchen mit Quark oder fein geriebenen Möhren gelockert.
Zitronensaft darf in kleinen Mengen auch mit Lebensmitteln aus der Kohlenhydratgruppe verzehrt werden.

### Neutrale Gruppe

Die neutralen Lebensmittel dürfen innerhalb einer Mahlzeit sowohl mit Lebensmitteln aus der Eiweiß- als auch aus der Kohlenhydratgruppe gemischt werden. Neutral sind:
**alle Fette,** z. B. Öle (kaltgepreßte bevorzugen), ungehärtete Margarinesorten mit einem hohen Anteil an mehrfach ungesättigten Fettsäuren (aus dem Reformhandel) und Butter, aber auch schmalzähnlicher, pflanzlicher Brotaufstrich (im Reform- oder Naturkosthandel unter der Markenbezeichnung „Holstener Liesel" zu finden);
**alle angesäuerten Milchprodukte,** z. B. Quark, Joghurt, Kefir, Sahnedickmilch, saure Sahne und Buttermilch, aber auch vergorenes Molkekonzentrat (Molkosan);
**süße Sahne und Kaffeesahne;**
**alle Käsesorten mit mindestens 60% Fett i. Tr.,** z. B. Doppelrahmfrischkäse, Rahmgouda, Butterkäse;
**alle Weißkäsesorten,** z. B. Schafs- und Ziegenkäse, Mozzarella, körniger Frischkäse;
**alle rohen, geräucherten Wurstwaren,** z. B. Bündner Fleisch, roher Schinken, Salami, Blutwurst, Debrecziner (alle oben genannten Sorten sind auch ohne Zusatz von Schweinefleisch erhältlich);
**rohes Fleisch,** z. B. Tatar (sollte aber möglichst gemieden werden);
**alle rohen marinierten oder geräucherten Fischsorten,** z. B. Schillerlocke, Bückling, Aal, Makrele, Forelle, Räucherlachs, Matjes, Bismarckhering;
**folgende Gemüse- und Salatsorten sowie Pilze:** Auberginen, Artischocken, Brokkoli, Blumenkohl, grüne Bohnen, grüne Erbsen, Fenchel, Gurken, Knoblauch, Kohlrabi, Lauch, frischer Mais, Möhren, Paprika, Peperoni, Radieschen, Rettich, rote Beten,

Rosenkohl, Rotkohl, Sauerkraut, Sellerie, Spargel, Spinat, rohe Tomaten, Weißkohl, Wirsing, Zwiebeln, Zucchini, alle Blattsalate (auch z. B. Eisberg-, Endivien- und Feldsalat), Chicorée und Chinakohl sowie Austernpilze, Champignons, Pfifferlinge, Steinpilze und andere Pilzsorten;
**alle Sprossen und Keimlinge;**
**alle Kräuter** sowie alle **Gewürze;**
**alle Nüsse und Samen** (außer Erdnüssen), z. B. Haselnüsse, Kokosraspel, Mandeln, Sesam;
**Heidelbeeren;**
ungeschwefelte **Rosinen;**
**Oliven;**
**Eigelb;**
**Hefe;**
**klare, hochprozentige Spirituosen,** z. B. Korn und Wacholderbrand;
**Kräutertees;**
**alle Geliermittel,** z. B. Gelatine (tierisches Produkt), Agar-Agar (eine pulverisierte Meeresalge – das Pulver wird in kalter Flüssigkeit aufgelöst, man erhitzt das Ganze auf 60–80 °C und läßt es erkalten), pflanzliche Bindemittel aus Johannisbrotkernmehl (aus dem Reformhaus).

Tips: Saucen für Salate, die zusammen mit einer Eiweißmahlzeit gegessen werden, sollten aus Öl, Sahne, Kräutern und Zitronensaft zubereitet werden. Saucen für mit Kohlenhydratmahlzeiten kombinierte Salate sollten aus angesäuerten Milchprodukten, wie z. B. Kefir, Sahnedickmilch und Joghurt, aus vergorenem Molkekonzentrat (Molkosan) oder aus Brottrunk (aus dem Reformhaus oder der Bäckerei) bestehen.

## Kohlenhydratgruppe

**Alle Getreidesorten,** z. B. Dinkel, Weizen, Roggen, Gerste, Hafer, Grünkern, Hirse, getrockneter Mais, Naturreis;
**Buchweizen;**
**alle Vollkorngetreideerzeugnisse,** z. B. Vollkornbrot und -brötchen, Kuchen aus Vollkornmehl, Vollkornnudeln, Vollkorngrieß;
**folgende Gemüse- und Obstsorten:** Kartoffeln, Topinambur, Grünkohl, Schwarzwurzeln, Bananen, ungeschwefeltes Trockenobst (außer Rosinen – sie sind neutral; Korinthen hingegen zählen zu den Kohlenhydraten), frische Datteln und Feigen und mürbe, süße Äpfel;
**folgende Süßungsmittel:** Frutilose (siehe Seite 27), Honig, Ahornsirup, Birnen- und Apfeldicksaft;
**Verschiedenes,** wie z. B. Kartoffelstärke, Weinsteinbackpulver, Puddingpulver, Carobe (gemahlene Frucht des Johannisbrotbaumes – das Pulver wird wie Kakao verwendet und ist im Naturkostladen erhältlich);
**Bier.**

Tips: Getreidebratlinge werden nur mit Vollkornsemmelbröseln, gemahlenen Nüssen oder Sesam paniert und nicht vorher in Ei gewendet.
Süßungsmittel dürfen in kleinen Mengen auch zusammen mit Lebensmitteln aus der Eiweißgruppe verzehrt werden.

### Bitte meiden Sie:

weißes Mehl und daraus hergestellte Produkte, z. B. süße und pikante Backwaren sowie Nudeln;
polierten Reis;
Zucker, Süßstoffe und damit hergestellte Produkte, z. B. Süßigkeiten und Marmeladen;
Fertiggerichte und Konserven;
getrocknete Hülsenfrüchte;
Erdnüsse;
Preiselbeeren;
Schweinefleisch sowie alle daraus hergestellten Produkte; rohes Fleisch;
rohes Eiweiß von Eiern;
fertige Mayonnaise; Essig;
gehärtete Fette, z. B. normale Margarinesorten und feste, weiße Fritier- und Bratfette (Plattenfette);
schwarzen Tee, Kaffee, Kakao und hochprozentige Spirituosen.
Ob Sie ganz auf die unter dieser Rubrik genannten Lebensmittel verzichten, liegt in Ihrem Ermessen.
Dr. Hay rät besonders Nierenkranken vom Verzehr großer Mengen Spinat, Rhabarber, Kastanien, Meerrettich, Senf und Pfeffer ab.
Generell sollten Sie nur wenig Fleisch zu sich nehmen. Das gilt auch für Geräuchertes (neutral) und Gepökeltes (Eiweißgruppe), das Stoffe enthält, von denen man annimmt, daß sie die Entstehung von Krebs fördern können. Auch hier liegt es in Ihrem Ermessen, ob Sie ganz auf solche Nahrungsmittel verzichten.
Achten Sie auch auf Ihren Salzkonsum. Allzuviel Salz ist ungesund. Besonders Wurst, Käse und Fertigprodukte, aber auch Brot, enthalten viel Salz.

# Mengenplan

Die Gewichtsangaben und die Uhrzeiten auf dem Mengenplan sind nur ungefähre Richtlinien und sollten von Ihnen selbst erprobt werden.
Hungern und Fasten sind oftmals sinnlos, niemand soll hungrig vom Tisch aufstehen, denn dadurch wird Naschen vorprogrammiert.
Aber immer daran denken: Zum Gesundbleiben benötigt jeder Körper ausreichend Gemüse, Salate und Obst, die man zu einem Teil als Rohkost essen sollte.

1 Glas (etwa 200 ml) natriumarmes, stilles Mineralwasser

**Frühstück:**
Man hat die Wahl zwischen einer Kohlenhydrat-, einer Eiweiß- und einer Obstmahlzeit

Kohlenhydratmahlzeit:
1 Scheibe Vollkornbrot (50 g)
oder 1 Vollkornbrötchen
oder 3 Scheiben Vollkornknäckebrot;
diese dünn mit Butter oder Margarine bestreichen und mit folgendem belegen bzw. bestreichen:
30 g rohe Wurst (ca. 3 dünne Scheiben)
oder 30 g Käse ab 60% Fett i. Tr. (ca. 1 Scheibe)
oder 50 g Quark (ca. 2 EL)
oder 2 TL Honig
als Alternative dazu:
ein Müsli oder einen Getreidebrei (siehe Rezepte Seite 36 und 38)

Eiweißmahlzeit:
2 Eier (als Spiegeleier, Rühreier, gekocht oder im Glas)
(Mehr als 3 Eier pro Woche sind nicht empfehlenswert);
dazu: Tomaten, Gurken, Paprikaschoten, Radieschen oder ein anderes neutrales Gemüse, aber kein Brot

Obstmahlzeit:
frisches Obst der Saison (außer Bananen, Feigen und Datteln) in beliebiger Menge

Wer auf seinen Kaffee oder schwarzen Tee nicht verzichten möchte, sollte ihn mit etwas Sahne, eventuell auch mit Honig verfeinern.
Wichtig: Jeden Bissen sorgfältig kauen und gut einspeicheln. Kaffee oder Tee ist kein Speichelersatz.

1 großes Glas Früchte- oder Kräutertee oder stilles Mineralwasser

1 großes Glas Früchte- oder Kräutertee oder stilles Mineralwasser

**Zwischenmahlzeit:**
200 g Obst der Saison (aber keine Bananen, Feigen und Datteln)
oder 250 ml frische Milch
oder 250 g angesäuerte Milchprodukte
oder 100 g Obst (aber keine Bananen, Feigen und Datteln) und dazu 125 ml Milch oder angesäuerte Milchprodukte

1 großes Glas Früchte- oder Kräutertee oder stilles Mineralwasser

**Mittagessen:**
Zum Mittagessen haben Sie die Wahl zwischen einer Eiweiß- und einer Kohlenhydratmahlzeit

Eiweißmahlzeit:
100–150 g Fleisch
oder 150–200 g Fisch
oder 2 Eier
oder 60 g Käse bis 50% Fett i. Tr.
oder 80 g gegarte Wurstsorten;
dazu 400 g neutrales Gemüse und Salat

Kohlenhydratmahlzeit:

50 g Getreide (roh gewogen)
oder 50 g Naturreis (roh gewogen)
oder 50 g Vollkornnudeln (roh gewogen)
oder 200 g Kartoffeln;
dazu 400 g Gemüse und Salat

Hierzu können noch 30–50 g neutrale Lebensmittel oder Speisen gegessen werden (siehe Trennungsplan Seite 16 und 17)

Zusätzlich zu den Zutaten für die Eiweiß- oder Kohlenhydratmahlzeit können Sie kleine Mengen Butter, Margarine, Öl oder Sahne verwenden. Sie sind alle neutral und passen immer dazu.

Während einer Hauptmahlzeit sollte man nichts trinken. Falls Sie nicht darauf verzichten wollen, trinken Sie die Flüssigkeit nur schluckweise.

1 großes Glas Früchte- oder Kräutertee oder stilles Mineralwasser

1 großes Glas Früchte- oder Kräutertee oder stilles Mineralwasser

1 großes Glas Früchte- oder Kräutertee oder stilles Mineralwasser

**Zwischenmahlzeit:**

1 Banane
oder 1 Müsliriegel ohne Zucker
oder 1 Stück Kuchen (Rezepte Seite 50, 52 und 56 bis 60)
oder 2–3 pikante Plätzchen (Rezepte Seite 61 und 62)
oder 1 Scheibe Knäckebrot mit Honig
oder 2 EL Quark mit 1 TL Honig
oder 1 EL Vollkornhaferflocken und 1 Becher Joghurt
oder 200 g angesäuerte Milchprodukte

(Keine Frischmilch trinken, da sie nachmittags schwerer verdaulich ist.)

1 großes Glas Früchte- oder Kräutertee oder stilles Mineralwasser

**Abendessen:**

Am Abend hat man die Auswahl bei den Kohlenhydratgerichten

50 g Getreide (roh gewogen)
oder 100 g Vollkornbrot
oder 50 g Naturreis (roh gewogen)
oder 50 g Vollkornnudeln (roh gewogen)
oder 200 g Kartoffeln;
dazu 400 g Gemüse und Salat, 30–50 g neutrale Lebensmittel und in kleinen Mengen Butter, Margarine, Öl oder Sahne

## Lebensmittel bewußt kombinieren

Der nächste Schritt besteht aus der Technik des bewußten Kombinierens. Sie werden bei mir keinen verbindlichen Speiseplan vorfinden, sondern lediglich Vorschläge, so daß Sie im Laufe der Zeit Ihr eigenes geschmackvolles Programm selbst entwickeln können.

Meine früheren Diätversuche scheiterten nämlich immer wieder daran, daß ich auf vorgeschriebene Speisepläne absolut keinen Appetit hatte. Auch komplizierte Zubereitungen, zu geringe Mengen oder einseitige Ernährungsformen brachten mich meinem Ziel nicht näher.

Ganz anders ist mit der Trennkost umzugehen. Hier gibt es keine „doppelte Kocherei" für die Hausfrau. Den Familienmitgliedern, die nicht trennen möchten, ergänzt man eine Eiweißmahlzeit lediglich mit Getreide, Kartoffeln, Reis, Nudeln oder Brot. Umgekehrt bekommen die „Nicht-Trennköstler" bei einer Kohlenhydratmahlzeit zusätzlich Fleisch, Fisch, Käse oder Eier.

In der Praxis könnte dies folgendermaßen aussehen: Neutral: 400 g Gemüse, dazu Eiweiß durch zwei Spiegeleier. Diese Mahlzeit können Sie für die Familie mit Kartoffeln oder ähnlichem ergänzen. Kartoffelfans können ebenso das Gemüse (neutral) mit den Kartoffeln (Kohlenhydrate) kombinieren, dann aber nur das Eigelb (neutral) dazu essen. Aus meinen Kombinationsvorschlägen geht dies noch deutlicher hervor. Interessant ist außerdem, daß Sie nach eigenem Geschmack wählen können.

Man hat die freie Auswahl unter sämtlichen Nahrungsmitteln, sollte sich jedoch für eine eiweiß- oder kohlenhydrathaltige Mahlzeit entscheiden. Somit kann man seine eigenen Gelüste voll befriedigen. Gefühle des Verzichtens kommen hier nicht auf, da man im Laufe eines Tages all das gegessen hat, was andere gemeinsam auf einem Teller haben.

### Kombinationsvorschläge für Eiweißmahlzeiten:

100–150 g Fleisch
dazu 400 g Gemüse, Salate oder Rohkost
oder
150–200 g gedünsteter Fisch
dazu 400 g Gemüse, Salate oder Rohkost
oder
60 g Käse bis 50% Fett i. Tr.
dazu 400 g Gemüse, Salate oder Rohkost
oder
2 Eier
dazu 400 g Gemüse, Salate oder Rohkost
oder
80 g gegarte Wurstsorten
dazu 400 g Gemüse, Salate oder Rohkost

Auf Wunsch sind alle Vorschläge für die Familie mit Getreide, Kartoffeln, Reis, Nudeln oder Brot zu ergänzen.

### Beispiele

Lammkoteletts auf Wirsing (Seite 131)
oder Gemüse-Rinder-Gulasch (Seite 133)
oder Lauchauflauf (Seite 140)
oder Hackfleischragout (Seite 133)
oder Provenzalische Fischsuppe (Seite 130)
oder Krabbencocktail (Seite 123)
oder Heilbutt in Gemüsesauce (Seite 122)
oder Forelle blau (Seite 124)
oder Paprikacreme mit gestockten Eiern (Seite 140)
oder Grüner Salat mit Sellerie-Ei-Happen (Seite 125)
oder Eiersalat (Seite 127)
oder Kohlrabigemüse mit Schinkenrühreiern (Seite 115)

**Kombinationsvorschläge für Kohlenhydratmahlzeiten:**

50 g Getreide (roh gewogen)
dazu 400 g Gemüse, Salate oder Rohkost
oder
200 g Kartoffeln
dazu 400 g Gemüse, Salate oder Rohkost
oder
50 g Naturreis (roh gewogen)
dazu 400 g Gemüse, Salate oder Rohkost
oder
50 g Vollkornnudeln (roh gewogen)
dazu 400 g Gemüse, Salate oder Rohkost

Auf Wunsch sind alle Vorschläge für die Familie nach Geschmack mit Fleisch, Fisch, Käse, Eiern oder Wurst zu ergänzen.

### Beispiele

Bunter Kartoffelsalat (Seite 84)
oder Gemüsepaella (Seite 103)
oder Hirsotto (Seite 103)
oder Gefüllte Wirsingröllchen mit Wirsinggemüse (Seite 96)
oder Getreideauflauf (Seite 110)
oder Kartoffelauflauf „Provençal" (Seite 112)
oder Béchamelkartoffeln mit Tomatensalat (Seite 82 und 72)
oder Pikante Nudelsuppe (Seite 90)
oder Lauchsuppe (Seite 92)
oder Kohlrabi-Kartoffel-Suppe (Seite 88)
oder Selleriesalat mit Quarkkroketten (Seite 85)
oder Gebundene Gemüsesuppe (Seite 93)

# Richtlinien zur Mengenangabe

Die Gewichtsangaben auf dem Mengenplan und die Zusammenstellung des Wochenplans sind nur ungefähre Richtlinien und sollten selbst erprobt werden, denn kein Körper reagiert wie der andere. Ich habe Mollige erlebt, die absolut keine Rücksicht auf das „Wieviel" nahmen, sondern lediglich die Nahrungsmittel trennten und dies mit wirklich großem Erfolg.
Andere, die zwar trennten, aber Gemüse und Salate verachteten, nahmen nur sehr gering ab. Der Verzehr von Gemüse und Salaten ist gerade bei einer gesunden Gewichtsabnahme entscheidend. Zum ersten wirken sie stark sättigend durch den Gehalt an Ballaststoffen. Zum zweiten bilden sie Basen, und der Körper scheidet überschüssige Säuren aus. Drittens aktiviert eine solche Kost wegen ihres hohen Kaliumgehaltes die Nieren. Kalium entwässert den Körper und ist der Gegenspieler von Natrium. Erwachsene sollten täglich 3–4 g Kalium zu sich nehmen. Die Durchschnittswerte von 100 g Gemüse oder Salaten liegen bei etwa 0,3–0,4 g Kalium. Da Gemüse, Salate, Rohkost und Obst teilweise aus 80–90% Wasser bestehen, ist auch die Ausscheidung entsprechend höher als bei anderen Nahrungsmitteln. Dadurch wird ein Austrocknen des Körpers verhindert, so daß man mit Recht behaupten kann, diese Nahrungsmittel bewirkten eine Schönheit, die von innen kommt. Das Kochsalz besteht aus Natrium und Chlorid. Es bindet Flüssigkeit im Körper und wirkt somit gewebeauftreibend. Aus diesem Grund ist es ratsam, den Salzverbrauch erheblich zu reduzieren. Aber auch Fertiggerichte, konserviertes Gemüse, Diätlimonaden, übersalzene Wurst, salziges Knabbergebäck und ähnliches sollten vom Speisezettel vollständig verschwinden. Es ist erstaunlich, wie schnell man sich an milder gesalzene Speisen gewöhnt. Entdecken Sie auch das Aroma und die Würzkraft der Kräuter wie Oregano, Estragon, Koriander, Kardamom, Thymian, Kerbel, Basilikum, Rosmarin und andere.
Sehr geschmacksintensiv sind auch Hefeextrakte oder vegetarische Gemüsebrühen, die im Reformhaus als Streuwürze, Brühwürfel, Pasten oder flüssige Würze erhältlich sind. In kleinen Mengen genossen, eignen sich auch Kräutersalz, Meersalz mit Jodanteil oder jodiertes Speisesalz für die gesunde Küche.

## Speiseplan für die erste Trennkostwoche

| Uhrzeit | Montag | Dienstag | Mittwoch |
|---|---|---|---|
| 8.00 Uhr | 1 Glas Wasser oder Tee | 1 Glas Wasser oder Tee | 1 Glas Wasser oder Tee |
| 8.05 Uhr | Hirsebrei[1)] | Bananenbrot[1)] | Frischkornbrei[1)] |
| 9.00 Uhr | 1 Glas Wasser oder Tee | 1 Glas Wasser oder Tee | 1 Glas Wasser oder Tee |
| 10.00 Uhr | 1 Glas Wasser oder Tee | 1 Glas Wasser oder Tee | 1 Glas Wasser oder Tee |
| 10.30 Uhr | ¼ l Buttermilch | Kiwi-Sahne-Sorbet[2)] | Früchtemahlzeit[2)] |
| 12.00 Uhr | 1 Glas Wasser oder Tee | 1 Glas Wasser oder Tee | 1 Glas Wasser oder Tee |
| 12.30 Uhr | Geflügelsuppe „Gärtner Art"[3)] | Überbackenes Gemüse[3)] | Gemüsepaella[4)] |
| 14.00 Uhr | 1 Glas Wasser oder Tee | 1 Glas Wasser oder Tee | 1 Glas Wasser oder Tee |
| 15.00 Uhr | 1 Glas Wasser oder Tee | 1 Glas Wasser oder Tee | 1 Glas Wasser oder Tee |
| 16.00 Uhr | 1 Glas Wasser oder Tee | 1 Glas Wasser oder Tee | 1 Glas Wasser oder Tee |
| 16.30 Uhr | 1 Banane | Joghurt mit Sanddorn[2)] | 1 Müsliriegel ohne Zucker |
| 18.00 Uhr | 1 Glas Wasser oder Tee | 1 Glas Wasser oder Tee | 1 Glas Wasser oder Tee |
| 18.30 Uhr | Spätzle mit Champignonsauce[4)] | Hirsotto[4)] | Gebundene Gemüsesuppe[4)] |

1) Die angegebenen Gerichte finden Sie im Kapitel „Bunte Frühstücksideen" (Seite 36)
2) Die angegebenen Gerichte finden Sie im Kapitel „Zwischenmahlzeiten, Desserts und Gebäck" (Seite 42)
3) Die angegebenen Gerichte finden Sie im Kapitel „Eiweißreiche Hauptmahlzeiten" (Seite 114)
4) Die angegebenen Gerichte finden Sie im Kapitel „Kohlenhydratreiche Hauptmahlzeiten" (Seite 82)

| Donnerstag | Freitag | Samstag | Sonntag |
|---|---|---|---|
| 1 Glas Wasser oder Tee | 1 Glas Wasser oder Tee | 1 Glas Wasser oder Tee | 1 Glas Wasser oder Tee |
| Knusperbrot[1)] | Würziges Knäckebrot[1)] | Käsebrötchen[1)] | Lippsches Frühstück[1)] |
| 1 Glas Wasser oder Tee | 1 Glas Wasser oder Tee | 1 Glas Wasser oder Tee | 1 Glas Wasser oder Tee |
| 1 Glas Wasser oder Tee | 1 Glas Wasser oder Tee | 1 Glas Wasser oder Tee | 1 Glas Wasser oder Tee |
| Pfirsichkuppel[2)] | 100 g Obst der Saison | Milchshake[2)] | Gefüllte Grapefruit[2)] |
| 1 Glas Wasser oder Tee | 1 Glas Wasser oder Tee | 1 Glas Wasser oder Tee | 1 Glas Wasser oder Tee |
| Paprikacreme mit gestockten Eiern[3)] | Provenzalische Fischsuppe[3)] | Getreideauflauf[4)] | Lauchauflauf[3)] |
| 1 Glas Wasser oder Tee | 1 Glas Wasser oder Tee | 1 Glas Wasser oder Tee | 1 Glas Wasser oder Tee |
| 1 Glas Wasser oder Tee | 1 Glas Wasser oder Tee | 1 Glas Wasser oder Tee | 1 Glas Wasser oder Tee |
| 1 Glas Wasser oder Tee | 1 Glas Wasser oder Tee | 1 Glas Wasser oder Tee | 1 Glas Wasser oder Tee |
| ¼ l Kefir | Heidelbeerquark[2)] | 150 g Joghurt 3,5% Fett | 1 Stück Heidelbeertorte[2)] |
| 1 Glas Wasser oder Tee | 1 Glas Wasser oder Tee | 1 Glas Wasser oder Tee | 1 Glas Wasser oder Tee |
| Gemüseauflauf[4)] | Bananen-Zwiebel-Salat mit Rosinenbrötchen[4)] | Französische Kartoffelsuppe[4)] | Pikant gefüllte Pfannkuchen[4)] |

# Die Trennkost in der Praxis

## Essen in Gaststätten und Kantinen

Auch bei einem Besuch im Gasthaus ist es möglich, nach den Prinzipien der Trennkost zu leben. Zugegeben, manche Restaurants bieten ohne Zweifel kulinarische Genüsse an, doch sollte man auch hier seinen Essensrhythmus nicht unterbrechen. Das Hauptproblem liegt bei uns selbst. Abnehmen oder einfach drauflos futtern? Darüber sollte man sich schon vor dem Besuch eines Restaurants im klaren sein. Überlegen Sie es sich gut, ob das angebotene Essen wirklich so schmackhaft ist, daß man darauf nicht verzichten möchte. Ich spreche hier nicht von Einschränkungen, sondern lediglich von der Trennung.

Eine Speisekarte setzt sich im allgemeinen aus Fleisch, Kartoffeln und Salat zusammen. In meiner langjährigen Erfahrung ist mir noch kein Gastwirt begegnet, der mir meine Essenswünsche verweigerte. Ein Fleischesser wird immer voll auf seine Kosten kommen, da Braten, Steaks, Hähnchen, Roulade, Gulasch, und vieles mehr immer auf einer Karte zu finden sind. Auch Fisch- oder Eiergerichte zählen zu den Eiweißen. Statt der Beilagen, wie Kroketten, Spätzle oder Bratkartoffeln, wählt man die doppelte Portion Salat oder Gemüse. Ich persönlich bevorzuge Gaststätten, die bekannt sind für ihre Salatbars oder Frischkostteller. Möchte man lieber eine Kohlenhydratmahlzeit zu sich nehmen, kann man unter Kartoffeln, Reis, Nudeln oder Brot wählen, auch wenn hier nicht immer vollwertig gekocht wird. Kleine Abstriche muß man machen, obwohl der Trend zur Vollwertküche in vielen Restaurants zu beobachten ist. Geräucherte Forelle, Räucherlachs, gebackener Schafskäse, Korbkäse, Camembert (60% Fett i. Tr.), Heringstöpfchen, Salamibrot, Handkäse, Tatar sind neutral und können dazu gegessen werden.

In den Kantinen verhält es sich ähnlich. Dort wird fast immer Fleisch, Kartoffeln und Salat serviert. Auch hier wählt man unter Eiweißen oder Kohlenhydraten aus. Sind die Salatportionen nicht ausreichend, so muß man von zu Hause etwas mitbringen. Die Salatsoßen eventuell getrennt aufbewahren.

# Warme und kalte Gerichte zum Mitnehmen

Für Berufstätige, Schüler oder Handelsreisende bietet es sich an, Gerichte zu Hause zuzubereiten, um von Fertiggerichten weitgehend unabhängig zu sein. Dazu bieten sich Speisen an, die ohne großen Zeit- und Energieaufwand zubereitet werden können. Bei den Kohlenhydratrezepten sollten Sie gleich die doppelte Menge zubereiten und eine Mahlzeit am Abend genießen, die andere Hälfte morgens heiß in eine Thermobox füllen und mitnehmen. Nach dem Prinzip: einmal kochen – zweimal essen.

### Vorschläge für Eiweißmahlzeiten:

Hackfleischragout (Seite 133)
Ratatouille mit Schafskäse oder Hackfleisch (Seite 132)
Gemüse-Rinder-Gulasch (Seite 133)
Geflügelsuppe „Gärtner Art" (Seite 127)
Pußta-Gulaschsuppe (Seite 140)
Provenzalische Fischsuppe (Seite 130)

Zum Mitnehmen eignen sich außerdem: Frikadellen, Wurstsalat, Geflügelsalat und Eiersalat. Ebenso Roastbeef, kalter Braten, Hähnchenfleisch, Rindswurst, Eier, Käse, Fisch, pikanter oder süßer Quark. Dazu Salate aus Tomaten, Chinakohl, grünen Bohnen, Sellerie, Blumenkohl und anderen Gemüsesorten.

### Vorschläge für Kohlenhydratmahlzeiten:

Bunte Kartoffelpfanne (Seite 103)
Hirsotto (Seite 103)
Gemüsepaella (Seite 103)
Gehitschel (Seite 97)
Französische Kartoffelsuppe (Seite 89)
Karotten-Lauch-Suppe (Seite 90)
Grünkernsuppe mit Gemüse (Seite 90)
Kohlrabi-Kartoffel-Suppe (Seite 88)
Lauchsuppe (Seite 92)
Gebundene Gemüsesuppe (Seite 93)
Pikante Nudelsuppe (Seite 90)
Champignon-Reis-Suppe (Seite 92)

Zum Mitnehmen eignen sich außerdem: Kartoffelsalat, Nudelsalat, Reissalat, Getreidebratlinge oder Salate aus Tomaten, Gurken, Chinakohl, grünen Bohnen, Blumenkohl, Sellerie und anderen Gemüsesorten.

# Grillzeit

Grillen ist nicht nur ein herrliches Partyvergnügen, sondern bietet auch die Möglichkeit, ohne viel Fettzugabe Speisen lecker zuzubereiten. Die intensive Strahlungshitze schließt die Poren des Grillgutes rasch. Die natürlichen Geschmacksstoffe bleiben weitgehend erhalten, und das Gegrillte bleibt wunderbar zart und saftig. Die Vorbereitung ist das wichtigste bei einer Party. Teller, Besteck, Servietten, größere Platten, Grillhandwerkszeug, Zange, Handschuh und natürlich das Grillgut selbst.
Grillen kann man fast alles. Angefangen von unproblematischen Würstchen über Fleisch, Fisch, Schalen- und Krustentiere, Wild, Geflügel, Gemüse und Obst. Auch Toasts und Aufläufe lassen sich sehr gut in einem elektrischen Grill überbacken.
Fleisch sollte gut abgehangen sein. Zarter wird es, wenn man es in eine Marinade aus Öl und eventuell Zitronensaft einlegt.
Kleinere Fische wie grüne Heringe, Makrelen, Forellen oder Schollen eignen sich besonders gut zum Grillen. Die Garzeiten der einzelnen Fische sollten von jeder Seite 4–7 Minuten betragen. Fisch in der Folie zubereitet benötigt etwa 2 Minuten länger.

## Essen im Urlaub

Auch im Urlaub kann man gut nach den Regeln der Hayschen Trennkost leben. Wählen Sie bei der Buchung Ihrer Unterkunft keine Vollpension, denn Selbstversorger haben es leichter. Erstens müssen Sie nicht immer pünktlich zu den Mahlzeiten wieder im Hotel sein und zweitens können Sie besser größere Ausflüge machen, da Sie zeitlich weniger gebunden sind. Außerdem lernen Sie so die netten, kleinen einheimischen Lokale mit der landestypischen Küche kennen.
In heißen Urlaubsländern reicht zum Mittagessen oftmals eine Obstmahlzeit. Kaufen Sie sich auf den Märkten frisches Gemüse, wie z. B. Paprikaschoten, Tomaten und Gurken, aber waschen Sie es immer gut. Da die Hauptmahlzeit im Urlaub fast immer abends eingenommen wird, ist es sehr empfehlenswert, zu Beginn der Mahlzeit einen großen Teller Salat zu essen. Möchten Sie anschließend unter Fleisch oder Fisch wählen, so kauen Sie alles besonders gut, da Eiweiß, so Dr. Hay, am Abend nur noch sehr zögernd von unserem Körper verarbeitet wird. Essen Sie auch nicht zu schwer und nicht zu spät, sonst liegt Ihnen danach die Mahlzeit wie ein Klotz im Magen.

## Wertvolle Tips zur Trennkost

- Essen Sie möglichst nie Lebensmittel aus der Kohlenhydrat- und aus der Eiweißgruppe zusammen (siehe Trennungsplan Seite 16 und 17).
- Essen Sie so natürlich wie möglich. Meiden Sie industriell verarbeitete Nahrungsmittel, Fertiggerichte und solche Lebensmittel, die für lange Zeit haltbar gemacht worden sind.
- Bevorzugen Sie frisches Gemüse und Obst (schonend gegart oder als Rohkost), Salate, Kartoffelgerichte und Vollkornprodukte.
- Meiden Sie Süßigkeiten, wie Bonbons, Pralinen, Schokolade und süßes Gebäck aus weißem Mehl. Verwenden Sie zum Süßen statt Zucker lieber Honig, Obstdicksäfte, Rosinen und Trockenobst. Natürlich sind diese Süßungsmittel auch kalorienreich, aber sie enthalten im Gegensatz zum Zukker Mineralstoffe, Vitamine und teilweise auch Ballaststoffe. Seien Sie beim Süßen von Speisen trotzdem sparsam.
- Gehen Sie sparsam mit Salz und salzhaltigen Fertiggewürzmischungen um. Besser ist es, frische oder getrocknete Kräuter zu verwenden.
- Statt Essig sollten Sie für Ihre Salatsaucen ein Molkekonzentrat (Molkosan), Zitronensaft oder Brottrunk verwenden.
- Naturbelassene kaltgepreßte Öle, ungehärtete Fette, Butter, Sahne und Eier (in Maßen genossen), schaden dem Körper nicht, sondern sie bieten ihm wertvolle Stoffe, die er selbst nicht herstellen kann.
- Wenn Sie zwischen den Mahlzeiten plötzlich Hunger verspüren, trinken Sie ein Glas Mineralwasser, Kräuter- oder Früchtetee.
- Übergehen Sie keine Mahlzeiten. Wenn Sie wirklich keinen Hunger haben, essen Sie wenigstens ein Stück frisches Obst oder Gemüse.
- Planen Sie Ihre Mahlzeiten im voraus, und gehen Sie nie mit hungrigem Magen einkaufen. Mit leerem Magen ist es mit der Selbstdisziplin nicht mehr weit her, und man kann leicht in Versuchung kommen.
- Kauen Sie Ihr Essen gut, und speicheln Sie es ausreichend ein. Trinken Sie aber möglichst nichts während der Mahlzeiten.
- Zum fettarmen Garen im Backofen eignet sich hervorragend Bratfolie. Dieser Bratschlauch hat zusätzlich den Vorteil, daß Ihr Ofen sauber bleibt.

## Hinweise zu den Rezepten

- Alle Rezepte, die ich in diesem Buch für Sie zusammengestellt habe, sind leicht nachvollziehbar. Sie sollen Ihnen beispielhaft zeigen, wie man Lebensmittel aus der Eiweiß- und aus der Kohlenhydratgruppe jeweils mit neutralen Lebensmitteln kombinieren kann.
- Damit Ihnen die Zuordnung der Rezepte in die drei Lebensmittelgruppen leichter fällt, sind die Rezeptnamen verschiedenfarbig ausgezeichnet:

rot = Kohlenhydratgericht
blau = Eiweißgericht
grau = neutrales Gericht

- Bei jedem Rezept steht dabei, wie viele Portionen es ergibt. Wenn Sie davon weniger oder mehr zubereiten möchten, können Sie die Zutatenmengen in der Regel problemlos umrechnen.
- Die Angaben zu Kilokalorien (kcal) und Kilojoule (kJ) beziehen sich immer auf 1 Portion bzw. 1 Stück.
- Die Zutatenmengen beziehen sich in der Regel auf die ungeputzte Rohware.
- Die Zubereitungszeit in den Rezepten beinhaltet sowohl die Vorbereitungszeit (waschen, putzen, kleinschneiden) als auch die Gar- oder Back-

zeit. Es handelt sich dabei um Durchschnittswerte. Besondere Zeiten, wie Quellzeit, Zeit zum Gehen oder zum Kühlen, sind extra ausgewiesen. Mit Hilfe dieser Angaben können Sie schnell erkennen, wieviel Zeit Sie für die Gesamtzubereitung einplanen müssen.

- Möchten Sie ein Rezept variieren oder eigene Kreationen entwickeln, ziehen Sie bitte den Trennungsplan auf den Seiten 16 und 17 zu Rate.
- Für Familienmitglieder, die sich nicht der Trennkost anschließen möchten, brauchen Sie nicht extra zu kochen. Ergänzen Sie die Kohlenhydratgerichte einfach mit Fleisch oder Fisch und die Eiweißgerichte mit Kartoffeln, Reis oder Nudeln.
- Einige der in den Rezepten verwendeten Zutaten sind fast ausschließlich im Naturkosthandel (Reformhäuser, Bioläden) erhältlich:

Frutilose ist ein schonend eingedampfter Obstdicksaft. Er schmeckt sehr mild, weil ihm Fruchtsäuren entzogen wurden.

Molkosan ist ein vergorenes Molkekonzentrat. Es ersetzt den Essig, der in der Trennkost nicht empfohlen wird.

Brottrunk ist eine vergorene Mischung aus Vollkornbrot und Wasser. Außer im Naturkosthandel kann man ihn auch in einigen Bäckereien kaufen.

Pflanzliche Bindemittel aus Johannisbrotkernmehl (z. B. Biobin oder Nestargel) sind geschmacksneutral und enthalten wenige Kalorien. Verwenden Sie das Pulver nur sehr sparsam, denn es führt schnell eine Bindung herbei. Beachten Sie daher unbedingt die Dosierangaben auf der Verpackung.

Zum Salzen empfehle ich gerne Meersalz, das lebensnotwendige Vitamine und Mineralstoffe enthält, wie z. B. Jod. Auch Kräutersalz (sein Kochsalzgehalt liegt bei etwa 84%) ist gut zum Abschmecken geeignet.

Vegetarische Gemüsebrühe als Streuwürze (Instantpulver) wird von verschiedenen Herstellern angeboten. Sie wird nur aus pflanzlichen Zutaten hergestellt und ist daher cholesterinfrei. Außerdem enthält sie kein Gluten und keine gehärteten Fette.

Weinsteinbackpulver enthält im Gegensatz zum herkömmlichen Backpulver kein Phosphat. Es kann aber wie dieses problemlos zum Backen verwendet werden.

Naturreis ist ungeschälter Reis. Im Gegensatz zu poliertem weißen Reis enthält er viele Ballaststoffe und ist daher sehr empfehlenswert. In den Rezepten wird er immer über Nacht eingeweicht, damit sich die relativ lange Garzeit verkürzt. Sie können ihn aber auch ohne Einweichen als Quellreis kochen. Dann dauert es aber 35 bis 45 Minuten, bis er gar ist. Zum Teil gibt es auch schon Naturreis, der schneller weich ist. Probieren Sie einfach verschiedene Sorten aus.

- In der Trennkost spielen die Auswahl und der richtige Gebrauch von Ölen und Fetten eine wichtige Rolle. Empfehlenswert sind naturbelassene, kaltgepreßte, unraffinierte Öle, die viel wertvolle mehrfach ungesättigte Fettsäuren enthalten. Oliven-, Sonnenblumen-, Distel-, Weizenkeim-, Leinsamen- und Maiskeimöl sind in dieser Qualität erhältlich. Verwenden Sie zum Kochen möglichst nur Oliven- oder Sonnenblumenöl, denn beide kann man problemlos erhitzen.

Butter und ungehärtete Pflanzenfette, z. B. Reformhausmargarine mit einem hohen Anteil an ungesättigten Fettsäuren, sind ebenfalls empfehlenswert. Da sie aber viele Kalorien enthalten, sollten Sie sie nur in kleinen Mengen verwenden. Man darf sie auch nie stark bräunen oder sogar überhitzen.

Nicht empfehlenswert sind gehärtete Fette, wie z. B. normale Margarinesorten oder Plattenfette (harte, weiße Fritierfette) sowie alle raffinierten Öle, wie z. B. normales Salatöl.

## Verzeichnis der Abkürzungen

| | |
|---|---|
| TL | = Teelöffel (gestrichen) |
| EL | = Eßlöffel (gestrichen) |
| g | = Gramm (1000 g = 1 kg) |
| kg | = Kilogramm |
| ml | = Milliliter (1000 ml = 1 l) |
| l | = Liter |
| Msp. | = Messerspitze |
| Std. | = Stunde(n) |
| Min. | = Minuten |
| kcal | = Kilokalorien (1 kcal = 4,2 kJ) |
| kJ | = Kilojoule |
| Fett i. Tr. | = Fett in der Trockenmasse |
| TK-... | = Tiefkühl-... |
| °C | = Grad Celsius |

# Bunte Rezeptideen

Beispiel 1

## BOHNENGEMÜSE MIT KARTOFFELN

Zubereitungszeit: ca. 40 Min.

**Zutaten für 1 Portion:**

| |
|---|
| 800 g Stangen- oder Buschbohnen |
| etwas Meersalz |
| 1–2 Stengel Bohnenkraut |
| 200 g Kartoffeln |
| 30 g roher Rinderschinken |
| 1–2 Dosierlöffel Nestargel |
| ½ TL vegetarische Gemüsebrühe (Trockenprodukt) |

**Zubereitung:**

**1.** Die gewaschenen, geputzten Bohnen in kleine Stücke schneiden und in wenig leicht gesalzenem Wasser bei mäßiger Hitze garen. Mit dem Bohnenkraut würzen.
**2.** In der Zwischenzeit die Kartoffeln waschen, schälen, in kleine Stücke schneiden, leicht salzen und in wenig Wasser garen.
**3.** Nach 15 bis 18 Minuten die Hälfte der gekochten Bohnen zu den Kartoffeln geben.
**4.** Die restlichen Bohnen auskühlen lassen und für die Eiweißmahlzeit aufbewahren.
**5.** Den Schinken in feine, kleine Würfel schneiden und in das Bohnengemüse hineinrühren.
**6.** Zum Andicken das Nestargel hinzufügen und mit der vegetarischen Gemüsebrühe abschmecken.
ca. 432 kcal/1788 kJ

AM NÄCHSTEN TAG:

Beispiel 1a

## BOHNENSALAT MIT PUTENSCHNITZEL

Zubereitungszeit: ca. ¼ Std.

**Zutaten für 1 Portion:**

| |
|---|
| 400 g Bohnen (Rest der Kohlenhydratmahlzeit) |
| 1 TL Sonnenblumenöl |
| 100 ml Brottrunk |
| 1 feingehackte Zwiebel |
| ½ TL Kräutersalz |
| 1 TL ungehärtetes Pflanzenfett |
| 125 g mageres Putenschnitzel |
| 3 EL Wasser |
| 3 EL süße Sahne, 30% Fett |
| ½ TL Kräutersalz |
| 1 TL grüne Pfefferkörner |

**Zubereitung:**

**1.** Die Bohnen mit dem Sonnenblumenöl, dem Brottrunk und der feingehackten Zwiebel mischen und mit etwas Kräutersalz würzen.
**2.** Nun das Fett in einer Pfanne leicht erhitzen, das Putenschnitzel von beiden Seiten 4 bis 5 Minuten anbraten und zur Seite schieben.
**3.** Das Wasser mit der Sahne vermischen und den heißen Bratfond damit ablöschen.
**4.** Mit dem Kräutersalz abschmecken und zum Schluß die frischen grünen Pfefferkörner unterrühren. Das Putenschnitzel auf einen Teller geben, mit der Sauce begießen und mit dem Bohnensalat servieren.
ca. 430 kcal/1780 kJ

Beispiel 2

## ZUCCHINI MIT KÄSENUDELN

Zubereitungszeit: ca. 40 Min.

**Zutaten für 1 Portion:**

| |
|---|
| 40 g Vollkornnudeln, roh gewogen |
| ½ l Wasser |
| ½ TL Meersalz |
| 20 g Butter |
| 800 g Zucchini, in Würfeln |
| 3 gepreßte Knoblauchzehen |
| 2 TL vegetarische Gemüsebrühe (Trockenprodukt) |
| 1 Eigelb |
| 2 EL süße Sahne, 30% Fett |
| 30 g Rahmgouda, in Stiften |

**Zubereitung:**

**1.** Die Nudeln in reichlich Salzwasser weichkochen.
**2.** Die Butter in einem Topf zerlassen, die gewürfelten Zucchini darin andünsten und mit ⅛ l Wasser auffüllen.
**3.** Mit dem Knoblauch und der Gemüsebrühe würzen. Bei mäßiger Hitze zugedeckt 15 Minuten garen lassen.
**4.** Nun die Hälfte des Gemüses für die Eiweißmahlzeit beiseite legen. Mit den Nudeln vermischen. Das Eigelb mit der Sahne glattrühren und unter die Gemüse-Nudel-Mischung geben.
**5.** Zum Schluß mit dem Käse bestreuen und heiß servieren.
ca. 498 kcal/2061 kJ
**(auf dem Foto: links)**

AM NÄCHSTEN TAG:

**Beispiel 2a**

## ZUCCHINITORTILLA

Zubereitungszeit: ca. 1/4 Std.

**Zutaten für 1 Portion**
**Für die Tortilla:**

- 1 kleine feingehackte Zwiebel
- 1 TL ungehärtetes Pflanzenfett
- 2 Eier, 1/4 TL Kräutersalz
- 4 EL Zucchinigemüse vom Vortag

**Für das Gemüse:**

- restliches Zucchinigemüse (von der Kohlenhydratmahlzeit)
- 50 ml Sahnedickmilch
- 1 EL feingehackte Petersilie

**Zubereitung:**

**1.** Die Zwiebel in einer Pfanne von 18 cm Durchmesser in dem Fett glasig dünsten.
**2.** Die Eier schaumig schlagen, leicht salzen und hinzufügen. Kurz stocken lassen, während dieser Zeit nicht mehr berühren.
**3.** Anschließend die 4 Eßlöffel Zucchinigemüse in die Mitte der Eimasse geben. Nach etwa 1 bis 2 Minuten wenden und nur noch kurze Zeit schmoren lassen.
**4.** Währenddessen das restliche Gemüse erwärmen und mit der Sahnedickmilch legieren. Mit der gehackten Petersilie bestreuen und sofort servieren.

ca. 404 kcal/1672 kJ
**(auf dem Foto: rechts)**

AM NÄCHSTEN TAG:

Beispiel 3

## PAPRIKAGEMÜSE MIT REIS

Zubereitungszeit: ca. ½ Std.

**Zutaten für 1 Portion:**

| |
|---|
| 50 g Naturreis (roh gewogen) |
| 300 g Möhren |
| 500 g rote, gelbe und grüne Paprikaschoten |
| 1 Gemüsezwiebel |
| 10 g Butter, ¼ l Wasser |
| 1 gepreßte Knoblauchzehe |
| 1 Msp. Cayennepfeffer |
| ½ TL Rosenpaprika |
| ½ TL Paprika, edelsüß |
| 1 TL vegetarische Gemüsebrühe (Trockenprodukt) |
| 1 EL süße Sahne, 30% Fett |

**Zubereitung:**

**1.** Den Reis waschen und über Nacht in Wasser einweichen. Am nächsten Tag 20 bis 25 Minuten bei milder Hitze ausquellen lassen.
**2.** In der Zwischenzeit das Gemüse putzen und zerkleinern.
**3.** Die Butter in einem Topf schmelzen lassen und das Gemüse hinzufügen. Mit dem Wasser auffüllen und zugedeckt bei schwacher Hitze 15 bis 18 Minuten köcheln lassen.
**4.** Mit den Gewürzen und der Brühe abschmecken.
**5.** Anschließend eine Hälfte des Paprikagemüses für die Eiweißmahlzeit beiseite legen.
**6.** Den gekochten Reis gut abtropfen lassen und mit der anderen Gemüsehälfte vermischen. Mit der Sahne legieren und sofort servieren.
ca. 350 kcal/1449 kJ

Beispiel 3a

## PAPRIKAGEMÜSE MIT RINDERHACKFLEISCH

Zubereitungszeit: ca. ¼ Std.

**Zutaten für 1 Portion:**

| |
|---|
| 100 g Rinderhackfleisch |
| 250 g Paprikagemüse (Rest der Kohlenhydratmahlzeit) |
| 2 reife Tomaten |
| ¼ TL Kräuter der Provence |
| ¼ TL Oregano |
| ¼ TL getrockneter Majoran |
| ¼ TL Liebstöckel |
| 1 EL süße Sahne, 30% Fett |

**Zubereitung:**

**1.** Das Rinderhackfleisch in einer hohen Pfanne bei mäßiger Hitze ohne Fett leicht anbraten.
**2.** Das restliche Gemüse und die gewürfelten Tomaten hinzufügen und bei schwacher Hitze zum Kochen bringen.
**3.** Anschließend mit den Kräutern der Provence, dem Oregano, Majoran und dem Liebstöckel würzen und mit der Sahne verfeinern.
ca. 362 kcal/1498 kJ

Beispiel 4

## MÖHREN-KARTOFFEL-EINTOPF

Zubereitungszeit: ca. 40 Min.

**Zutaten für 1 Portion:**

| |
|---|
| 800 g Möhren |
| ¼ l Wasser |
| 150 g Kartoffeln |
| 1 TL vegetarische Gemüsebrühe (Trockenprodukt) |
| 1 TL Butter |
| 1 Prise Cayennepfeffer |
| ¼ TL Kerbel |
| ½ TL Liebstöckel |
| nach Belieben 30 g Rindersalami |
| 2 Dosierlöffel Nestargel |
| 1 Bund feingehackte Petersilie |

**Zubereitung:**

**1.** Die Möhren waschen, schälen und je nach Stärke vierteln und kleinschneiden. Mit etwas Wasser auffüllen und zugedeckt bei mäßiger Hitze etwa 10 Minuten dünsten.
**2.** Danach die Hälfte der Möhren in eine Schüssel geben und für die Eiweißmahlzeit kühl aufbewahren.
**3.** In der Zwischenzeit die Kartoffeln waschen, schälen, in kleine Würfel schneiden und zu den restlichen Möhren geben. Weitere 10 Minuten garen.
**4.** Nun die vegetarische Gemüsebrühe, die Butter, den Cayennepfeffer, den Kerbel und den Liebstöckel hinzufügen. Nochmals kurz aufkochen lassen und mit dem Nestargel andicken. Mit der Petersilie bestreut servieren.
ca. 428 kcal/1772 kJ
**(auf dem Foto: unten)**

AM NÄCHSTEN TAG:

**Beispiel 4a**

## MÖHRENSALAT MIT RINDERGULASCH

Zubereitungszeit: ca. 1 Std.

**Zutaten für 1 Portion:**

| |
|---|
| 400 g Möhren (Rest der Kohlenhydratmahlzeit) |
| 100 ml Brottrunk |
| 1 TL Sonnenblumenöl |
| 1 TL Apfeldicksaft |
| ½ TL Kräutersalz |
| 1 Bund feingehackte glatte Petersilie |
| 100 g mageres Rindfleisch |
| 1 TL ungehärtetes Pflanzenfett |
| 1 Zwiebel, 1 Tomate |
| ½ rote Paprikaschote |
| 50 ml herber Rotwein |
| ⅜ l Wasser |
| 1 TL Kräutersalz |
| 1 Prise Cayennepfeffer |
| 1–2 gepreßte Knoblauchzehen |
| 1 Gewürznelke |
| ½ TL Paprika, edelsüß |
| 1 EL süße Sahne, 30% Fett |
| 2 Dosierlöffel Nestargel |

**Zubereitung:**

**1.** Die abgekühlten Möhren vom Vortag mit dem Brottrunk und dem Sonnenblumenöl vermischen und mit dem Apfeldicksaft lieblich abschmecken. Leicht salzen und mit der gehackten Petersilie bestreuen.

**2.** Das Fleisch in kleine Würfel schneiden und in dem erhitzten Fett anbraten.

**3.** Die Zwiebel in feine Ringe schneiden und mit andünsten. Nach Belieben die Tomate häuten, in Stücke schneiden und mit unterrühren.

**4.** Die Paprikaschote zerkleinern und kurz mitdünsten. Mit dem Rotwein ablöschen und das Wasser dazugießen.

**5.** Mit dem Kräutersalz, Cayennepfeffer, dem gepreßten Knoblauch, der Gewürznelke und dem Paprika würzen und zugedeckt etwa 40 Minuten köcheln lassen.

**6.** Die Sahne unterrühren und anschließend mit dem Nestargel binden. Zum Schluß die Gewürznelke entfernen und mit dem Salat servieren.

ca. 456 kcal/1887 kJ

**(auf dem Foto: oben)**

Beispiel 5

## FENCHEL-KARTOFFEL-GRATIN

Zubereitungszeit: ca. 45 Min.

**Zutaten für 1 Portion:**

| |
|---|
| 4 Fenchelknollen (800 g) |
| 1 TL vegetarische Gemüsebrühe (Trockenprodukt) |
| 150 g Pellkartoffeln |
| 150 ml Fenchelbrühe (Kochsud der Fenchelknollen) |
| 1 EL süße Sahne, 30% Fett |
| 1 Eigelb |
| ½ TL geriebene Muskatnuß |
| 1 TL Kräutersalz |
| 30 g Schafskäse |

**Zubereitung:**

**1.** Den Fenchel waschen und die harten Außenblätter entfernen. Anschließend die Knollen vierteln und in wenig Wasser, gewürzt mit der Brühe, 15 bis 20 Minuten dünsten. Eine Hälfte für die Eiweißmahlzeit beiseite stellen.

**2.** In der Zwischenzeit die Kartoffeln pellen und in Scheiben schneiden.

**3.** Den gegarten Fenchel ebenfalls in Scheiben schneiden und abwechselnd mit den Kartoffeln in eine Auflaufform schichten.

**4.** Die Fenchelbrühe mit der Sahne und dem Eigelb verquirlen. Mit der Muskatnuß und dem Kräutersalz würzen.

**5.** Die Sauce über das Gemüse gießen und mit dem zerkrümelten Schafskäse bestreuen.

**6.** Im Backofen bei 180 °C etwa 15 Minuten backen.

ca. 506 kcal/2095 kJ

AM NÄCHSTEN TAG:

Beispiel 5a

## GEDÜNSTETER FENCHEL IN TOMATEN-HACKFLEISCH-SAUCE

Zubereitungszeit: ca. ½ Std.

**Zutaten für 1 Portion:**

| |
|---|
| 200 g Tomaten |
| ⅛ l Wasser |
| 1 TL ungehärtetes Pflanzenfett |
| 1 Zwiebel, in Ringen |
| 100 g Rinderhackfleisch |
| 1–2 gepreßte Knoblauchzehen |
| ½ TL Oregano |
| ½ TL Rosmarin |
| ½ TL Liebstöckel |
| ½ TL Gewürzsalz |
| 1 EL süße Sahne, 30% Fett |
| 400 g Fenchel (Rest vom Vortag) |

**Zubereitung:**

**1.** Die Tomaten achteln, zusammen mit dem Wasser etwa 10 Minuten kochen und durch ein Sieb streichen.

**2.** In einer Pfanne das Fett erhitzen. Die Zwiebel und das Hackfleisch darin anbraten. Mit dem Knoblauch, dem Oregano, dem Rosmarin, dem Liebstöckel und dem Gewürzsalz nach Belieben würzen.

**3.** Mit der Tomatensauce ablöschen und mit der Sahne verfeinern. Den in Streifen geschnittenen Fenchel hinzufügen und unter ständigem Rühren 2 bis 3 Minuten köcheln lassen. Sofort servieren.

ca. 496 kcal/2053 kJ

Beispiel 6

## BLUMENKOHL MIT KARTOFFELN

Zubereitungszeit: ca. 50 Min.

**Zutaten für 1 Portion:**

| |
|---|
| 200 g Kartoffeln |
| 1½ TL vegetarische Gemüsebrühe (Trockenprodukt) |
| 800 g Blumenkohl, in Röschen |
| 1 EL feingehackte Petersilie |

**Für die Sauce:**

| |
|---|
| 200 ml Blumenkohlbrühe |
| 1–2 Dosierlöffel Nestargel |
| 2 EL Sahnedickmilch |
| ¼ TL geriebene Muskatnuß |

**Zubereitung:**

**1.** Die gewaschenen, geschälten und in Würfel geschnittenen Kartoffeln in wenig Wasser garen und mit einem halben Teelöffel der vegetarischen Gemüsebrühe würzen.

**2.** Nun den Blumenkohl schonend garen und die restliche Gemüsebrühe hinzufügen.

**3.** Den Blumenkohl teilen. Eine Hälfte warm halten, den anderen Teil für die Eiweißmahlzeit aufheben.

**4.** Die Blumenkohlbrühe in einen Topf geben und mit dem Nestargel binden.

**5.** Die Sahnedickmilch unterrühren und würzen. Kurz erhitzen, aber nicht mehr aufkochen.

**6.** Den Blumenkohl und die Kartoffeln auf einem Teller anrichten. Die Sauce über den Blumenkohl geben und mit Petersilie bestreuen.

ca. 282 kcal/1167 kJ

**(auf dem Foto: unten)**

AM NÄCHSTEN TAG:

**Beispiel 6a**

## BLUMENKOHLSALAT MIT FRIKADELLE

Zubereitungszeit: ca. ½ Std.

**Zutaten für 1 Portion:**
**Für den Blumenkohlsalat:**

| |
|---|
| Die restlichen 400 g Blumenkohl von der Kohlenhydratmahlzeit |
| 80 ml Brottrunk |
| 1 TL Sonnenblumenöl |
| 1 feingehackte Zwiebel |
| ½ TL Kräutersalz, 1 TL Paprika |

**Für die Frikadelle:**

| |
|---|
| 80 g Rinderhackfleisch |
| 40 g Quark, 20% Fett i. Tr. |
| ½ TL Kräutersalz |
| 1 feingehackte Zwiebel |
| 1 Eigelb |
| 1 TL ungehärtetes Pflanzenfett |

**Zubereitung:**

**1.** Den erkalteten Blumenkohl in eine Schüssel geben.
**2.** Für die Marinade den Brottrunk mit dem Öl, der Zwiebel und dem Salz verrühren.
**3.** Diese Marinade mit dem Blumenkohl vermischen und mit dem Paprika bestreuen.
**4.** Aus dem Rinderhackfleisch, dem Quark, dem Kräutersalz, der feingehackten Zwiebel und dem Eigelb einen geschmeidigen Fleischteig kneten und zu einer Frikadelle formen.
**5.** Das Pflanzenfett in eine beschichtete Pfanne geben und mit dem Backpinsel gleichmäßig verteilen.
**6.** Anschließend die Frikadelle bei nicht zu starker Hitze braten und heiß oder kalt zu dem Blumenkohlsalat verzehren.
ca. 500 kcal/2070 kJ

**(auf dem Foto: oben)**

# Bunte Frühstücksideen

## LIPPSCHES FRÜHSTÜCK

Zubereitungszeit: ca. 10 Min.

**Zutaten für 1 Portion:**

- 1 mittelgroßer Apfel
- 150 g Möhren
- 1 TL Leinsamen
- 1 TL Honig
- 1 EL süße Sahne, 30% Fett

**Zubereitung:**

**1.** Den Apfel und die Möhren waschen, schälen, fein raspeln.
**2.** Den Leinsamen unterrühren und mit dem Honig süßen. Mit der Sahne verfeinern.
ca. 199 kcal/824 kJ

Tip:

Ein sehr saftiges und vitaminreiches Frühstück, auch als Zwischenmahlzeit geeignet.

## BANANENBROT

Zubereitungszeit: ca. 5 Min.

**Zutaten für 1 Portion:**

- 1 kl. Scheibe Vollkornbrot (40 g)
- 1 TL Butter
- 1 kleine Banane

**Zubereitung:**

**1.** Das Brot im Toaster kurz anrösten und mit der Butter bestreichen.
**2.** Die Bananen in Scheiben schneiden und das Brot damit belegen.
ca. 176 kcal/729 kJ

## FRISCHKORNBREI

Quellzeit: über Nacht
Zubereitungszeit: ca. 5 Min.

**Zutaten für 1 Portion:**

- 2 EL Getreide, 5 EL Wasser
- 1 TL Honig
- 1 EL süße Sahne, 30% Fett
- 1 TL gehackte Haselnüsse

**Zubereitung:**

**1.** Das Getreide grob schroten und in dem Wasser über Nacht quellen lassen.
**2.** Anschließend mit dem Honig süßen und mit der Sahne verfeinern. Mit den Nüssen bestreut servieren.
ca. 233 kcal/965 kJ

## HAFERFLOCKENMÜSLI

Quellzeit: über Nacht
Zubereitungszeit: ca. 5 Min.

**Zutaten für 1 Portion:**

- 2 Trockenpflaumen, 60 ml Wasser
- 2 EL Vollkornhaferflocken
- 1 EL süße Sahne, 30% Fett
- 1 TL Honig
- 4 feingehackte Haselnüsse

**Zubereitung:**

**1.** Die Pflaumen zerkleinern und mit den Haferflocken in dem Wasser einweichen.
**2.** Am nächsten Morgen die Sahne mit dem Honig unter das Müsli rühren. Mit den Nüssen bestreuen.
ca. 200 kcal/828 kJ

## HIRSEBREI

Zubereitungszeit: ca. ½ Std.

**Zutaten für 1 Portion:**

- 25 g Hirse, 150 ml Wasser
- 1 TL abgeriebene Schale einer unbehandelten Zitrone
- 2 EL Sahnedickmilch
- 1 EL ungeschwefelte Rosinen
- 5 gehackte Mandeln
- 1 TL Honig
- ½ TL Zimt

**Zubereitung:**

**1.** Die Hirse heiß waschen, mit der Zitronenschale in das Wasser rühren und 20 bis 25 Minuten bei leichter Hitze quellen lassen.
**2.** Anschließend die Hirse abkühlen lassen und mit der Sahnedickmilch verrühren. Die restlichen Zutaten hinzufügen.
ca. 235 kcal/973 kJ

## KÄSEBRÖTCHEN

Zubereitungszeit: ca. 5 Min.

**Zutaten für 1 Portion:**

- 1 Vollkornbrötchen, 1 TL Butter
- 30 g Camembert, 60% Fett i. Tr.
- 1 kleiner Bund Schnittlauch

**Zubereitung:**

Das Brötchen mit Butter bestreichen und mit Käse belegen. Den Schnittlauch schneiden und darauf verteilen.
ca. 250 kcal/1035 kJ

## KNUSPERBROT

Zubereitungszeit: ca. 5 Min.

**Zutaten für 1 Portion:**

| |
|---|
| 1 Scheibe Vollkornbrot (50 g) |
| 1 EL Quark, 20% Fett i. Tr. |
| 1 TL Ahornsirup, 1 TL Weizenkleie |
| 1 TL Weizenkeime |
| 1 TL Leinsamen |
| 6 Scheiben Bananen, ½ cm dick |

**Zubereitung:**

**1.** Das Brot mit dem Quark bestreichen und den Ahornsirup darauf verteilen.

**2.** Mit dem Messerrücken die Weizenkleie, die Weizenkeime und den Leinsamen leicht in die Quarkmasse drücken und die Bananenscheiben darauflegen.

ca. 214 kcal/886 kJ

**(auf dem Foto: oben rechts)**

## VITALBROT

Zubereitungszeit: ca. 5 Min.

**Zutaten für 1 Portion:**

| |
|---|
| 1 dünne Scheibe Vollkornbrot (40 g) |
| 30 g Doppelrahmfrischkäse |
| 1 kleine Tomate |
| 3 Radieschen |
| etwas Kräutersalz |
| 1 EL Schnittlauch, fein geschnitten |

**Zubereitung:**

**1.** Das Vollkornbrot mit dem Frischkäse bestreichen.

**2.** Die Tomate und die Radieschen waschen und in dünne Scheiben schneiden. Das Brot damit belegen und mit dem Kräutersalz leicht würzen. Mit dem Schnittlauch garnieren.

ca. 216 kcal/894 kJ

**(auf dem Foto: oben links)**

## WÜRZIGES KNÄCKEBROT

Zubereitungszeit: ca. 10 Min.

**Zutaten für 1 Portion:**

| |
|---|
| 40 g Quark, 20% Fett i. Tr. |
| 1 EL Mineralwasser |
| 50 g rote Paprikaschote |
| 15 g Bündner Fleisch |
| 2 Scheiben Vollkornknäckebrot |
| 2 EL Schnittlauch, fein geschnitten |

**Zubereitung:**

**1.** Den Quark mit dem Mineralwasser verrühren.

**2.** Die Paprikaschote in feine Streifen schneiden.

**3.** Das Bündner Fleisch fein würfeln und mit dem Paprika unter den Quark mischen. Auf die Brote streichen und mit dem Schnittlauch bestreuen.

ca. 199 kcal/824 kJ

**(auf dem Foto: unten)**

## HIRSEJOGHURT MIT HEIDELBEEREN

Zubereitungszeit: ca. 1/4 Std.

**Zutaten:**

| |
|---|
| 25 g Hirse, fein gemahlen |
| 90 ml Wasser |
| 1 TL Honig |
| 1/2 TL Zimt |
| 1/2 TL abgeriebene Schale einer unbehandelten Zitrone |
| 75 g Joghurt, 3,5% Fett |
| 2 EL Heidelbeeren (frisch oder Tiefkühlware) |
| 1 TL Mandelsplitter |

**Zubereitung:**

**1.** Die Hirse mit dem Wasser unter Rühren zum Kochen bringen und bei milder Hitze etwa 5 Minuten quellen lassen. Anschließend auf ausgeschalteter Platte noch 5 Minuten nachquellen lassen. Ab und zu umrühren, dann kühl stellen.

**2.** Mit dem Honig, dem Zimt, der abgeriebenen Zitronenschale abschmecken und den Joghurt unterrühren. Zum Schluß die gewaschenen und gut abgetropften Heidelbeeren unterheben.

**3.** Den Hirsejoghurt in eine Dessertschale füllen und mit den Mandelsplittern bestreut servieren.

ca. 232 kcal/960 kJ

**(auf dem Foto: links)**

## BUCHWEIZENGRÜTZE

Zubereitungszeit: ca. 1/2 Std.

**Zutaten:**

| |
|---|
| 2 EL Buchweizengrütze |
| 6 EL Wasser |
| 100 g Möhren, 1 TL Honig |
| 1 EL süße Sahne, 30% Fett |

**Zubereitung:**

**1.** Die Grütze mit dem Wasser aufkochen, von der Kochstelle nehmen und etwa 20 Minuten ausquellen lassen.

**2.** Die Möhren schälen, fein raspeln und unter die Grütze rühren. Mit dem Honig süßen und mit der Sahne verfeinern.

ca. 232 kcal/960 kJ

**(auf dem Foto: rechts)**

## VOLLKORNBROT MIT HÜTTENKÄSE UND WALNÜSSEN

Zubereitungszeit: ca. 10 Min.

**Zutaten für 1 Portion:**

- 1 Scheibe Vollkornbrot
- 1 TL Butter
- 80 g Hüttenkäse
- 3 Walnußkerne

**Zubereitung:**

**1.** Das Brot im Toaster kurz rösten und mit der Butter bestreichen.

**2.** Den Hüttenkäse mit der Gabel auflockern, auf dem Brot verteilen und mit den Walnußkernen bestreuen.

ca. 270 kcal/1130 kJ

**(auf dem Foto: links)**

## FRUCHTIGER QUARK

Zubereitungszeit: ca. 10 Min.

**Zutaten für 1 Portion:**

- 150 g Erdbeeren
- 2 TL Frutilose
- 100 g Quark, 20% Fett i. Tr.
- 2 EL Mineralwasser
- 1 EL gehackte Mandeln

**Zubereitung:**

**1.** Die Erdbeeren waschen, putzen, kleinschneiden und in ein Schälchen geben. Mit der Frutilose leicht süßen.

**2.** Den Quark mit dem Mineralwasser verrühren und auf den Erdbeeren verteilen. Mit den Mandeln bestreuen.

ca. 280 kcal/1170 kJ

**(auf dem Foto: Mitte)**

## WINZERFRÜHSTÜCK

Zubereitungszeit: ca. 10 Min.

**Zutaten für 1 Portion:**

- 150 g Weintrauben
- 100 g Hüttenkäse

**Zubereitung:**

**1.** Die Weintrauben waschen, halbieren und eventuelle Kerne entfernen.

**2.** Den Hüttenkäse in ein Schälchen geben und die Weintrauben darunterheben.

ca. 210 kcal/880 kJ

**(auf dem Foto: rechts)**

## VOLLKORNBRÖTCHEN MIT PIKANTER KRÄUTERCREME

Zubereitungszeit: ca. ¼ Std.

**Zutaten für 1 Portion:**

**Für die Creme:**

| |
|---|
| 100 g Quark, 20% Fett i. Tr. |
| 100 g Sahnejoghurt |
| 1 Tasse gehackte frische Kräuter (Petersilie, Schnittlauch, Kerbel, Dill) |
| 1–2 Knoblauchzehen |
| Meersalz |

**Außerdem:**

| |
|---|
| 2 Möhren |
| 3 Staudenselleriestangen |
| 1 Vollkornbrötchen |

**Zubereitung:**

**1.** Den Quark mit dem Sahnejoghurt verrühren. Die Kräuter und den geschälten, durchgepreßten Knoblauch daruntergerühren. Mit Meersalz mild würzen.

**2.** Die Möhren putzen, waschen, schälen und der Länge nach vierteln. Die Selleriestangen waschen und putzen.

**3.** Das Brötchen durchschneiden und die beiden Hälften toasten. Die Rohkost in die Kräutercreme dippen und das Vollkornbrötchen dazu essen.

ca. 460 kcal/1925 kJ

**(auf dem Foto: links)**

Tip:

Die Kräutercreme (neutral) paßt auch gut zu Pell- oder Bratkartoffeln.
Als Brotaufstrich eignet sie sich ebenfalls.

## QUARKBROT

Zubereitungszeit: ca. 10 Min.

**Zutaten für 1 Portion:**

| |
|---|
| 70 g Quark, 20% Fett i. Tr. |
| 2 EL Mineralwasser, Meersalz |
| 1 Scheibe Vollkornbrot |
| 1 TL Butter |
| 8 dünne Scheiben Salatgurke |
| 1 EL Schnittlauchröllchen |

**Zubereitung:**

**1.** Den Quark mit dem Mineralwasser glattrühren und mit Meersalz abschmecken.

**2.** Das Vollkornbrot mit der Butter dünn bestreichen. Den Quark darauf verteilen.

**3.** Den Quark mit den Gurkenscheiben belegen und mit den Schnittlauchröllchen bestreuen.

ca. 240 kcal/1000 kJ

**(auf dem Foto: rechts)**

## SÜSSER BROTAUFSTRICH

Quellzeit: ca. 8 Std.
Zubereitungszeit: ca. ¼ Std.

**Zutaten für 10 Portionen:**

| |
|---|
| 200 g ungeschwefelte Dörrpflaumen |
| 3 EL abgeriebene Schale von unbehandelten Zitronen |
| 200 g Doppelrahmfrischkäse |
| 1 kräftige Prise Zimtpulver |

**Zubereitung:**

**1.** Die Dörrpflaumen mit 200 ml Wasser bedeckt 8 Stunden oder über Nacht quellen lassen.
**2.** Am nächsten Tag das Wasser in eine kleine Schüssel abgießen und die Früchte entsteinen.
**3.** Die Pflaumen zusammen mit der Zitronenschale mit dem Schneidstab pürieren. Eventuell etwas Einweichwasser dazugießen.
**4.** Den Frischkäse darunterrühren und den Aufstrich mit Zimt abschmecken.
ca. 120 kcal/500 kJ
**(auf dem Foto: links)**

Tip:

Diesen süßen Brotaufstrich können Sie im Kühlschrank 5 bis 7 Tage aufbewahren. Er schmeckt besonders gut auf Vollkornzwieback.

## HÜTTENKÄSE MIT APFELSPALTEN

Zubereitungszeit: ca. 10 Min.

**Zutaten für 1 Portion:**

| |
|---|
| 1 süßer Apfel |
| 1 EL Zitronensaft |
| 100 g Hüttenkäse |
| 1 TL Mandelblättchen |

**Zubereitung:**

**1.** Den Apfel waschen, vierteln und das Kerngehäuse herausschneiden. Dann den Apfel in schmale Spalten schneiden und mit Zitronensaft beträufeln.
**2.** Den Hüttenkäse zusammen mit den Apfelspalten auf einem Teller anrichten, mit Mandelblättchen bestreuen.
ca. 190 kcal/795 kJ
**(auf dem Foto: rechts)**

## VANILLEPUDDING MIT HEIDELBEERMUS

Zubereitungszeit: ca. ¼ Std.

**Zutaten für 4 Portionen:**

| |
|---|
| 150 g Sahne |
| 1 Päckchen Vanillepuddingpulver (ungefärbt) für Kochpudding |
| 4 EL Frutilose |
| 1 Msp. Safranpulver |
| 1 Vanilleschote |
| 300 g Heidelbeeren (TK-Ware oder frisch) |
| 12 Minzeblättchen |

**Zubereitung:**

**1.** Die Sahne mit 350 ml Wasser verrühren. Das Puddingpulver mit 10 Eßlöffeln der Sahnemischung sowie der Frutilose und dem Safran glattrühren.

**2.** Die restliche Sahnemischung erhitzen. Das Vanillemark aus der aufgeschnittenen Schote herauskratzen und dazugeben.

**3.** Das angerührte Puddingpulver mit dem Schneebesen in die Sahnemischung hineinschlagen. Alles unter Rühren aufkochen lassen, bis der Pudding dick zu werden beginnt.

**4.** Die Heidelbeeren waschen (Tiefkühlkost etwas antauen lassen) und zwei Drittel der Früchte mit dem Schneidstab pürieren.

**5.** Das Heidelbeermus in vier kleine Dessertschälchen füllen und den Pudding gleichmäßig darauf verteilen. Die restlichen Heidelbeeren darüberstreuen und die Puddings mit den Minzeblättchen garnieren.

ca. 240 kcal/1000 kJ

## BESCHWIPSTES ROSINENPARFAIT

Quellzeit: ca. 2 Std.
Gefrierzeit: ca. 2 Std.
Zubereitungszeit: ca. ½ Std.

**Zutaten für 1 Portion:**

| |
|---|
| 2 EL ungeschwefelte Rosinen |
| 0,2 cl Doppelkorn |
| 100 ml Milch |
| etwas Vanillemark |
| 1 Eigelb |
| 1 TL Apfeldicksaft |
| 2 EL süße Sahne, 30% Fett |

**Zubereitung:**

**1.** Die gewaschenen Rosinen mit dem Doppelkorn begießen und etwa 2 Stunden ziehen lassen.
**2.** Die Milch mit dem Vanillemark zum Kochen bringen. Die beschwipsten Rosinen hinzufügen und 10 Minuten ziehen lassen.
**3.** In der Zwischenzeit das Eigelb mit dem Apfeldicksaft cremig schlagen und unter die Milchmischung geben.
**4.** Bei sehr niedriger Temperatur so lange rühren, bis die Masse cremig wird. Anschließend unter Rühren erkalten lassen.
**5.** Die süße Sahne steif schlagen und unter die Creme ziehen. Im Gefrierfach 1 bis 2 Stunden anfrosten lassen.
ca. 160 kcal/662 kJ

## ERDBEEREIS

Zubereitungszeit: ca. 10 Min.

**Zutaten für 1 Portion:**

| |
|---|
| 200 g tiefgekühlte Erdbeeren |
| 50 g Sahnedickmilch |
| 1 EL Ahornsirup |

**Zubereitung:**

**1.** Die Erdbeeren leicht antauen lassen und anschließend im Mixer zusammen mit der Sahnedickmilch pürieren.
**2.** Zuletzt mit dem Ahornsirup süßen.
ca. 191 kcal/791 kJ

Tip:

Auch mit tiefgekühlten Himbeeren, Mangos oder Heidelbeeren läßt sich dieses schmackhafte Eis herstellen.

## FRÜCHTEMAHLZEIT

Zubereitungszeit: ca. 10 Min.

**Zutaten für 1 Portion:**

| |
|---|
| 1 Kiwi |
| 100 g frische Mango |
| 100 g Joghurt, 3,5% Fett |
| 1 TL Ahornsirup |
| 1 TL Mandelsplitter |

**Zubereitung:**

**1.** Die Kiwi und die Mango schälen und in mundgerechte Stücke schneiden.
**2.** Anschließend mit dem Joghurt mischen, mit dem Ahornsirup süßen und mit den Mandelsplittern bestreuen.
ca. 156 kcal/646 kJ

## GEFÜLLTE GRAPEFRUIT

Zubereitungszeit: ca. ¼ Std.

**Zutaten für 1 Portion:**

| |
|---|
| ½ Grapefruit (die andere Hälfte für den nächsten Tag kühl aufbewahren) |
| 50 g Erdbeeren |
| 1 EL ungeschwefelte Rosinen |
| 1 Msp. Kardamom |
| 1 TL Apfeldicksaft |
| 2 EL Milch |
| 1–2 Minzblättchen |

**Zubereitung:**

**1.** Die Grapefruit halbieren. Das Fruchtfleisch mit einem scharfen Messer herauslösen und kleinschneiden.
**2.** Die Erdbeeren waschen, entstielen und zerkleinern und mit den Grapefruitwürfeln vermischen.
**3.** Die Rosinen hinzufügen, mit dem Kardamom würzen und mit dem Apfeldicksaft süßen.
**4.** Zum Schluß die Milch unterrühren und alles zurück in die Grapefruithälfte füllen.
**5.** Mit den Minzblättchen dekorieren und kühl servieren.
ca. 101 kcal/418 kJ

## BEERENCOCKTAIL MIT HIMBEERSAUCE

Zubereitungszeit: ca. 20 Min.

**Zutaten für 2 Portionen:**

**Für die Sauce:**

| |
|---|
| 250 g Himbeeren (eventuell tiefgekühlt) |
| 2 EL Frutilose |
| 2 EL Himbeergeist |

**Für den Cocktail:**

| |
|---|
| 125 g Brombeeren |
| 125 g Johannisbeeren |
| 125 g Erdbeeren |
| 1 EL Zitronensaft |
| 2 EL Frutilose |
| 250 g Quark, 20% Fett i. Tr. |
| 4 EL Mineralwasser |

**Zubereitung:**

**1.** Für die Sauce die Himbeeren gegebenenfalls waschen, dann mit dem Schneidstab pürieren und durch ein Sieb streichen. Das Himbeermus mit Frutilose und Himbeergeist verrühren.
**2.** Für den Cocktail die Beeren verlesen und waschen. In einer Schüssel mit Zitronensaft und Frutilose vorsichtig mischen.
**3.** Den Quark mit dem Mineralwasser cremig rühren und in zwei Dessertgläser füllen. Die Früchte auf den Quark geben und mit der Himbeersauce begießen.
ca. 400 kcal/1675 kJ
**(auf dem Foto: oben)**

## ORANGENSALAT MIT RUMSAHNE

Zubereitungszeit: ca. 20 Min.

**Zutaten für 2 Portionen:**

| |
|---|
| 12 Mandeln |
| 3 mittelgroße Orangen |
| 100 g Sahne |
| 2 EL Rum |

**Zubereitung:**

**1.** Die Mandeln mit kochendem Wasser übergießen, 5 Minuten stehen lassen, dann die Haut abziehen. Danach die Mandeln grob hacken.
**2.** Die Orangen sorgfältig schälen, dabei auch die weiße Haut entfernen. Die Orangenfilets mit einem Messer aus den Trennhäuten herausschneiden und kreisförmig auf zwei Desserttellern anrichten.
**3.** Die Sahne steifschlagen und den Rum darunterrühren.
**4.** Die Rumsahne auf die Orangen geben und mit den gehackten Mandeln bestreuen.
ca. 330 kcal/1380 kJ
**(auf dem Foto: unten)**

## BROMBEERCREME

Zubereitungszeit: ca. 10 Min.
Quellzeit: ca. ½ Std.
Gelierzeit: ca. ½ Std.

**Zutaten für 2 Portionen:**

| |
|---|
| 250 g Brombeeren |
| 4 EL Frutilose |
| 1 EL klarer Schnaps |
| 4 Blatt weiße Gelatine |
| 175 g Sahnedickmilch |
| 2 TL Mandelblättchen |

**Zubereitung:**

**1.** Die Brombeeren waschen, mit einer Gabel zerdrücken, mit der Frutilose süßen und etwa ½ Stunde Saft ziehen lassen.
**2.** Anschließend die Früchte zusammen mit dem Schnaps mit dem Schneidstab pürieren.
**3.** Die Gelatine etwa 5 Minuten in kaltem Wasser quellen lassen, dann ausdrücken und bei geringer Hitze in einem kleinen Topf schmelzen lassen. Die Gelatine nach und nach in das Brombeermus einrühren.
**4.** Die Sahnedickmilch mit dem Schneebesen cremig rühren und anschließend unter die Brombeeren ziehen.
**5.** Die Creme in zwei Dessertschälchen füllen, mit den Mandelblättchen bestreuen und für etwa ½ Stunde kalt stellen.
ca. 320 kcal/1340 kJ
**(auf dem Foto: Mitte)**

## KIWI-SAHNE-SORBET

Gefrierzeit: ca. 2 Std.
Zubereitungszeit: ca. 1/4 Std.

**Zutaten für 1 Portion:**

| |
|---|
| 2 Kiwis |
| 2 EL süße Sahne, 30% Fett |
| 1 TL Akazienhonig |
| einige frische Minzblättchen |

**Zubereitung:**
**1.** Die Kiwis schälen, 2 schöne Scheiben davon abschneiden und zur Seite legen. Die restlichen Kiwis grob hacken und durch ein Sieb streichen.
**2.** Die Sahne steif schlagen, unter das Püree heben und mit dem Akazienhonig süßen.
**3.** In ein Dessertglas füllen und im Gefrierfach etwa 2 Stunden anfrosten lassen. Zwischendurch umrühren, damit sich keine Kristalle bilden.
**4.** Vor dem Servieren die 2 Kiwischeiben fächerförmig auf das Sorbet legen und mit den Minzblättchen dekorieren.
ca. 134 kcal/555 kJ
**(auf dem Foto oben: oben)**

## PFIRSICHKUPPEL

Zubereitungszeit: ca. 10 Min.

**Zutaten für 1 Portion:**

| |
|---|
| 100 g tiefgekühlte Heidelbeeren |
| 1 EL Apfeldicksaft |
| 1/2 großer, reifer Pfirsich |

**Zubereitung:**
**1.** Die tiefgefrorenen Heidelbeeren leicht antauen lassen, im Mixer pürieren und mit dem Apfeldicksaft süßen.
**2.** Das halbgefrorene Heidelbeerpüree in einen flachen Dessertteller geben und glattstreichen.
**3.** Den halben Pfirsich schälen, mit der Rundung nach oben in die Mitte des Heidelbeerpürees setzen und das Dessert sofort servieren.
ca. 105 kcal/435 kJ
**(auf dem Foto oben: unten)**

## HIMBEERFLAMMERI

Kühlzeit: ca. 2 Std.
Zubereitungszeit: ca. 20 Min.

**Zutaten für 1 Portion:**

| |
|---|
| 70 ml Milch |
| 1 Msp. Vanillemark |
| 1 EL Apfeldicksaft |
| 1 Dosierlöffel Nestargel |
| 50 g Himbeeren (einige zur Dekoration beiseite legen) |
| 2 EL Quark, 20% Fett i. Tr. |

**Zubereitung:**
**1.** Die Milch mit dem Vanillemark zum Kochen bringen.
**2.** Den Apfeldicksaft unterrühren und mit dem Nestargel binden. Danach etwas abkühlen lassen.
**3.** Die Himbeeren waschen, mit dem Quark vermischen und unter die Milch rühren.
**4.** In ein Dessertglas füllen, mit den restlichen Himbeeren dekorieren und für 1 bis 2 Stunden kalt stellen.
ca. 220 kcal/911 kJ
**(auf dem Foto unten: Mitte)**

## MILCHSHAKE

Zubereitungszeit: ca. 10 Min.

**Zutaten für 1 Portion:**

| |
|---|
| 50 g Erdbeeren |
| 200 ml frische Vollmilch |
| 1 TL Honig |

**Zubereitung:**
**1.** Die Erdbeeren waschen und von den Stielansätzen befreien.
**2.** Mit der Milch und dem Honig im Mixer pürieren.
ca. 169 kcal/699 kJ
**(auf dem Foto unten: links)**

## MANGOCREME MIT SCHUSS

Zubereitungszeit: ca. 1/4 Std.

**Zutaten für 1 Portion:**

| |
|---|
| 1 Eigelb |
| 1/2 TL abgeriebene Schale einer unbehandelten Zitrone |
| 1/4 TL Kardamom, 1 EL Doppelkorn |
| 1 TL Akazienhonig |
| 100 g frische Mango, 1 Sahnetupfer |

**Zubereitung:**
**1.** Das Eigelb mit der Zitronenschale und dem Kardamom verrühren. Tropfenweise den Doppelkorn unterrühren, mit dem Akazienhonig süßen.
**2.** Die geschälte Mango im Mixer pürieren, die gewürzte Eigelbsauce hinzugeben und miteinander vermischen.
**3.** Die Mangocreme in eine Dessertschale füllen und mit einem Sahnetupfer garnieren.
ca. 216 kcal/894 kJ
**(auf dem Foto unten: rechts)**

## MELONENKUGELN MIT ZITRONENSAUCE

Kühlzeit: ca. 2 Std.
Zubereitungszeit: ca. 20 Min.

**Zutaten für 1 Portion:**

| |
|---|
| ½ reife Netz- oder Honigmelone |
| 2 EL Sahnedickmilch |
| 1 EL Zitronensaft |
| 1 Msp. gemahlener Ingwer |
| ¼ TL gemahlener Zimt |

**Zubereitung:**
**1.** Aus der halben Melone Kugeln ausstechen, das restliche Fruchtfleisch herausschaben und pürieren.
**2.** Das Püree mit der Sahnedickmilch und dem Zitronensaft verrühren und mit den Gewürzen abschmecken.
**3.** Die Kugeln anrichten, mit Sauce begießen und kühlen.
ca. 80 kcal/331 kJ
**(auf dem Foto: links)**

## ORANGENQUARK

Zubereitungszeit: ca. 10 Min.

**Zutaten für 1 Portion:**

| |
|---|
| 100 g Quark, 20% Fett i. Tr. |
| 1 EL Zitronensaft, 1 TL Ahornsirup |
| 1 kleine Orange |
| 1 TL abgeriebene Schale einer unbehandelten Orange |
| 1 Schuß Mineralwasser |
| 2–3 Minzeblätter |

**Zubereitung:**
**1.** Den Quark mit dem Zitronensaft und Sirup verrühren.
**2.** Die Orange schälen, kleinschneiden und mit der Orangenschale unterrühren.
**3.** Den Orangenquark zuletzt mit Mineralwasser auflockern und mit Minze bestreuen.
ca. 184 kcal/762 kJ
**(auf dem Foto: Mitte)**

## HÜTTENKÄSE MIT OBST

Zubereitungszeit: ca. 10 Min.

**Zutaten für 1 Portion:**

| |
|---|
| 150 g Früchte der Saison |
| 100 g Hüttenkäse |

**Zubereitung:**
Die Früchte säubern, in mundgerechte Stücke schneiden und mit dem Hüttenkäse zusammen servieren.
ca. 175 kcal/724 kJ
**(auf dem Foto: rechts)**

## VANILLEEIS MIT HEISSEN HIMBEEREN

Gefrierzeit: ca. 3 Std.
Zubereitungszeit: ca. ½ Std.

**Zutaten für 1 Portion:**

| |
|---|
| 40 ml süße Sahne, 30% Fett |
| 80 ml Wasser |
| 1 Eigelb |
| 1 Vanilleschote |
| 1 TL Apfeldicksaft |
| 3 EL süße Sahne, 30% Fett |
| 100 g Himbeeren |
| 1 EL Himbeergeist |

**Zubereitung:**

**1.** Die flüssige süße Sahne mit dem Wasser verrühren.
**2.** Das Eigelb mit der aufgeschlitzten Vanilleschote und dem Apfeldicksaft in das Sahne-Wasser-Gemisch einrühren. In einem Wasserbad bei mäßiger Hitze mit dem Schneebesen so lange schlagen, bis eine dickliche Masse entsteht.
**3.** Die Vanilleschote entfernen und die Sahnecreme auskühlen lassen.
**4.** Drei Eßlöffel Sahne steif schlagen und unter die abgekühlte Masse geben. In eine Gefrierschale füllen und 2 bis 3 Stunden im Gefrierfach gefrieren lassen.
**5.** Anschließend die Himbeeren mit dem Himbeergeist in einem kleinen Pfännchen erhitzen und über das Vanilleeis geben.
ca. 271 kcal/1122 kJ
**(auf dem Foto: rechts)**

## SAUERKIRSCHSUPPE

Kühlzeit: ca. 1 Std.
Zubereitungszeit: ca. ½ Std.

**Zutaten für 1 Portion:**

| |
|---|
| 100 g Sauerkirschen |
| 150 ml Wasser |
| 2 EL Birnendicksaft |
| 1–2 Dosierlöffel Nestargel |
| 2 EL Buttermilch |

**Zubereitung:**

**1.** Die Kirschen waschen, entsteinen und in einen Topf geben. Mit Wasser auffüllen und mit dem Dicksaft süßen.
**2.** Zugedeckt bei kleiner Hitze 10 bis 15 Minuten köcheln lassen.
**3.** Die Suppe leicht verschlagen, mit dem Nestargel binden und kalt stellen.
**4.** Kurz vor dem Servieren die Buttermilch locker unterheben.
ca. 130 kcal/538 kJ
**(auf dem Foto: links)**

# KÄSEKUCHEN VOM BLECH

Zubereitungszeit: ca. 1¼ Std.

**Zutaten für 1 Blech (20 Stücke):**

**Für den Teig:**

| |
|---|
| 150 g zerlassene Butter |
| 100 g flüssiger Honig |
| 250 g Quark, 20% Fett i. Tr. |
| 1 EL abgeriebene Schale einer unbehandelten Zitrone |
| 1 Eigelb |
| Meersalz |
| 1 Päckchen Weinsteinbackpulver |
| 350 g feines Dinkel- oder Weizenvollkornmehl |
| 1 EL Butter für das Blech |

**Für den Belag:**

| |
|---|
| 70 g Rosinen |
| 150 g Sahne |
| 2 Päckchen Vanillepuddingpulver (ungefärbt) |
| 1 Döschen Safranpulver |
| 100 ml Frutilose |
| 750 g Quark, 20% Fett i. Tr. |
| 2 EL abgeriebene Schale einer unbehandelten Zitrone |
| 2 Eigelbe |

**Zubereitung:**

**1.** Für den Teig die flüssige Butter zusammen mit Honig und Quark zu einer glatten Creme verrühren. Zitronenschale, Eigelb und eine kräftige Prise Meersalz hinzufügen und alles gut verrühren.

**2.** Das Backpulver mit dem Vollkornmehl mischen und nach und nach unter die Quarkmasse rühren, so daß ein etwas festerer Rührteig entsteht.

**3.** Ein Backblech einfetten. Den Teig mit einem feuchten Löffelrücken darauf streichen und etwa ¼ Stunde ruhen lassen. Den Backofen auf 160 °C vorheizen.

**4.** Inzwischen den Belag zubereiten. Die Rosinen mit kochendem Wasser bedecken, kurz quellen lassen und dann abgießen.

**5.** Inzwischen die Sahne mit 350 ml Wasser verrühren. 100 ml davon abnehmen und mit dem Puddingpulver, dem Safran und der Frutilose glattrühren.

**6.** Die restliche Sahne-Wasser-Mischung in einem großen Topf erhitzen und das angerührte Puddingpulver mit dem Schneebesen hineinschlagen. Alles unter Rühren kurz aufkochen lassen, bis der Pudding leicht dickflüssig wird.

**7.** Den Quark mit dem Pudding verrühren. Die abgetropften Rosinen, die Zitronenschale und die Eigelbe in den Puddingquark einrühren und alles nochmals kurz aufkochen lassen.

**8.** Die Masse auf dem Rührteig verteilen und mit einem feuchten Löffelrücken glattstreichen. Den Kuchen 35 bis 40 Minuten auf der mittleren Schiene backen. Dann auf dem Blech erkalten lassen.
pro Stück ca. 280 kcal/1170 kJ

Variation:

Wenn Sie den Kuchen fruchtiger haben möchten, backen Sie nach dem gleichen Rezept einen Heidelbeerkuchen. Dafür 400 g TK-Heidelbeeren auftauen und abtropfen lassen. Sie dann auf dem ungebackenen Rührteig auf dem Blech verteilen, die Quarkmasse darübergeben und vorsichtig glattstreichen. Den Kuchen wie im Grundrezept angegeben backen.
Da Heidelbeeren zur Kohlenhydratgruppe gehören, zählt auch der Heidelbeerkäsekuchen zu dieser Gruppe.

## TORTENBISKUIT MIT ERDBEERSAHNE

Zubereitungszeit: ca. 1¼ Std.

**Zutaten für 1 Torte (12 Stücke):**

**Für den Biskuit:**

| |
|---|
| 2 EL Quark, 10% Fett i. Tr. |
| 2 EL Apfeldicksaft |
| 2 Eigelb |
| 1 E Sojamehl |
| 3 Eiweiß |

**Für den Belag:**

| |
|---|
| 300 g Erdbeeren |
| 3 EL Apfeldicksaft |
| 250 g Quark, 10% Fett i. Tr. |
| 250 ml süße Sahne, 30% Fett |
| 8–10 Dosierlöffel Nestargel |

**Zubereitung:**

**1.** Den Quark mit dem Apfeldicksaft und den Eigelben schaumig verrühren und das Sojamehl hinzufügen.

**2.** Anschließend die Eiweiße schnittfest schlagen und vorsichtig unter die Quarkmasse heben.

**3.** Den Teig in eine gut eingefettete Springform mit 26 cm Durchmesser geben und etwa 30 Minuten bei 140 bis 150 °C backen.

**4.** Nach dem Auskühlen den Teig vom Blech lösen, aber in der Form lassen.

**5.** Für den Belag die Erdbeeren waschen, putzen und ein paar schöne Früchte zur Dekoration beiseite legen. Die restlichen Beeren mit einer Gabel zerdrücken und mit dem Apfeldicksaft süßen.

**6.** Anschließend den Quark mit den Erdbeeren verrühren. Die süße Sahne steif schlagen und unterheben.

**7.** Zum Schluß das Nestargel einrühren. Die Erdbeersahne auf dem Biskuitteig verteilen und mit den restlichen Erdbeeren verzieren.

**8.** Für etwa 2 Stunden kalt stellen und die Torte in 12 Stükke geteilt servieren.

pro Stück ca. 123 kcal/511 kJ

**(auf dem Foto: oben rechts)**

## HEIDELBEERQUARK

Zubereitungszeit: ca. 10 Min.

**Zutaten für 1 Portion:**

| |
|---|
| 50 g Heidelbeeren |
| 100 g Quark, 20% Fett |
| 1 TL Honig |

**Zubereitung:**

**1.** Die Heidelbeeren säubern, mit einer Gabel zerdrücken.
**2.** Den Quark locker untermischen und mit dem Honig süßen.
ca. 181 kcal/749 kJ
**(auf dem Foto: unten)**

## APRIKOSENJOGHURT

Quellzeit: ca. 2 Std.
Zubereitungszeit: ca. 10 Min.

**Zutaten für 1 Portion:**

| |
|---|
| 4 halbe getrocknete ungeschwefelte Aprikosen |
| 5 EL lauwarmes Wasser |
| 1 EL Vollkornhaferflocken |
| 100 g Joghurt, natur 3,5% Fett |
| 1 TL Honig, ¼ TL Carob |

**Zubereitung:**

**1.** Die Aprikosen in kleine Stücke schneiden, in ein Dessertglas füllen und mit dem lauwarmen Wasser bedecken. Anschließend mindestens 2 Stunden zum Quellen stehenlassen.
**2.** Danach die Haferflocken und den Joghurt unterrühren. Nach Belieben mit dem Honig süßen.
**3.** Mit dem Carob zart überstäuben.
ca. 207 kcal/857 kJ
**(auf dem Foto: oben links)**

## BANANENSUPPE

Zubereitungszeit: ca. ½ Std.

**Zutaten für 1 Portion:**

| |
|---|
| ½ kleine Zwiebel |
| 1 TL Butter |
| ½ Knoblauchzehe |
| ½ TL Curry |
| 1 kleine Banane |
| 200 ml Wasser |
| 1 TL vegetarische Gemüsebrühe (Trockenprodukt) |
| 1 EL süße Sahne, 30% Fett |
| 1–2 Dosierlöffel Nestargel |
| ¼ TL Pistazien |

**Zubereitung:**

**1.** Die Zwiebel in sehr feine Würfel schneiden. Die Butter in einer Kasserolle schmelzen lassen und die Zwiebel mit dem gepreßten Knoblauch darin glasig dünsten. Mit dem Currypulver überstäuben.
**2.** Die Banane schälen, in etwa 1 cm dicke Scheiben schneiden und kurz darin erhitzen.
**3.** Mit dem Wasser auffüllen, mit der Gemüsebrühe würzen und durchkochen lassen.
**4.** Die Suppe im Mixer pürieren, mit der Sahne abrunden und mit dem Nestargel andikken. Mit den Pistazien bestreut in einer Suppentasse heiß servieren.
ca. 169 kcal/699 kJ

## BANANENEIS

Gefrierzeit: ca. 2 Std.
Zubereitungszeit: ca. 10 Min.

**Zutaten für 1 Portion:**

| |
|---|
| 1 vollreife Banane |
| 1 TL Apfeldicksaft |
| 2 EL Sahnedickmilch |
| 1 Sahnetupfer |

**Zubereitung:**

**1.** Die Banane schälen und etwa 2 Stunden im Gefrierfach frosten.
**2.** Anschließend mit dem Apfeldicksaft und der Sahnedickmilch im Mixer pürieren.
**3.** Die cremige Masse in ein Dessertglas geben, mit einem Sahnetupfer dekorieren und sofort servieren.
ca. 160 kcal/662 kJ

## BANANE MIT SAHNE

Zubereitungszeit: ca. ¼ Std.

**Zutaten für 1 Portion:**

| |
|---|
| 1 vollreife Banane, 1 TL Butter |
| 1 TL Mandelblättchen |
| 2 EL süße Sahne, 30% Fett |

**Zubereitung:**

**1.** Die Banane schälen und der Länge nach halbieren.
**2.** Die Butter in einer Pfanne schmelzen lassen, die Banane hineingeben und kurz braten.
**3.** Die Mandelblättchen dazugeben und kurz mitrösten.
**4.** Die Banane auf einem Dessertteller anrichten, mit der geschlagenen Sahne garnieren und mit den Mandelblättchen bestreut servieren.
ca. 196 kcal/811 kJ

## BANANENCREME

Zubereitungszeit: ca. 10 Min.

**Zutaten für 2 Portionen:**

| |
|---|
| 1 Banane |
| 75 g Quark, 20% Fett |
| 2 EL Sanddornsaft |
| 1 TL Apfeldicksaft |

**Zubereitung:**

**1.** Die Banane mit einer Gabel zerdrücken und mit dem Quark und dem Sanddorn verrühren.

**2.** Mit dem Apfeldicksaft süßen. Die Bananencreme in Schälchen füllen und kühl servieren.

pro Portion ca. 130 kcal/538 kJ

**(auf dem Foto: unten links)**

## JOGHURT MIT SANDDORN

Zubereitungszeit: ca. 5 Min.

**Zutaten für 1 Portion:**

| |
|---|
| 1 TL Honig |
| 1 EL Sanddornsaft |
| 100 g Joghurt, natur, 3,5% Fett |

**Zubereitung:**

**1.** Den Honig gleichmäßig mit dem Sanddorn verrühren und anschließend mit dem Joghurt vermischen.

**2.** In ein Dessertglas füllen und kühl servieren.

ca. 120 kcal/497 kJ

**(auf dem Foto: unten rechts)**

## ERFRISCHUNGS-GETRÄNK

Zubereitungszeit: ca. 10 Min.

**Zutaten für 1 Portion:**

| |
|---|
| 125 g Sahnedickmilch |
| 1/8 l Bier |
| 1 EL Pflaumenmus |
| 1 TL Honig |

**Zubereitung:**

**1.** Im Mixer oder mit dem Schneebesen die Sahnedickmilch, das Bier und das Pflaumenmus zu einer schaumigen Masse verschlagen.

**2.** Mit dem Honig süßen und kalt stellen.

ca. 281 kcal/1163 kJ

**(auf dem Foto: oben rechts)**

Tip:

Schmeckt sehr erfrischend an heißen Tagen.

## VANILLECREME

Zubereitungszeit: ca. 1/2 Std.

**Zutaten für 3 Portionen:**

| |
|---|
| 1/4 l Wasser |
| 50 g Weizen, fein gemahlen |
| 1 Vanilleschote |
| 1 Eigelb |
| 2 EL Honig |
| 100 ml süße Sahne, 30% Fett |
| 3 TL Heidelbeeren |

**Zubereitung:**

**1.** Das Wasser in einen Topf füllen und mit dem feingemahlenen Vollkornmehl verrühren. Kurz aufkochen und abkühlen lassen.

**2.** Die Vanilleschote längs aufschlitzen und das Mark herauskratzen. Zusammen mit dem Eigelb und dem Honig zu der abgekühlten Creme geben.

**3.** Die Sahne steif schlagen und vorsichtig darunterheben. Die Creme in 3 Dessertgläser füllen und mit den Heidelbeeren verzieren.

pro Portion ca. 225 kcal/913 kJ

**(auf dem Foto: oben links)**

Tip:

Sie können nach diesem Rezept auch leicht eine Schokoladencreme zubereiten, indem Sie statt der Vanilleschote einen gehäuften Teelöffel Carob zugeben.

## HEIDELBEERTORTE

Zubereitungszeit: ca. 1½ Std.

**Zutaten für 1 Torte (16 Stücke):**

| |
|---|
| 150 g Weizenmehl, fein geschrotet |
| 1 Eigelb |
| 75 g Butter |
| 1 TL Honig |
| 2 EL Wasser |

**Für den Belag:**

| |
|---|
| 6 Blatt weiße Gelatine |
| 250 g süße Sahne, 30% Fett |
| 500 g Quark, 20% Fett |
| 100 g frische Heidelbeeren |
| 3 EL Apfeldicksaft |

**Für den Guß:**

| |
|---|
| 250 g Heidelbeeren |
| ¼ l Wasser |
| ½ TL Agar-Agar (4 g) oder ein Päckchen Tortenguß (ohne Farbstoff und Zucker) |
| 1 EL Apfeldicksaft |

**Zubereitung:**

**1.** Alle Zutaten für den Mürbeteig rasch miteinander verkneten.
**2.** Eine Springform von 26 cm Durchmesser einfetten, den Boden mit dem Teig gleichmäßig auslegen und für etwa 30 Minuten kalt stellen.
**3.** Anschließend bei 180 °C etwa 10 Minuten backen. Nach dem Auskühlen den Teig vom Blech lösen, aber in der Form lassen.
**4.** Die Gelatine etwa 10 Minuten in reichlich kaltem Wasser quellen lassen. Herausnehmen, gut abtropfen und in einem Kochtopf bei milder Hitze unter Rühren flüssig werden lassen.
**5.** In der Zwischenzeit die süße Sahne steif schlagen und mit dem Quark, den Heidelbeeren und dem Apfeldicksaft verrühren.
**6.** Langsam die flüssige Gelatine hinzufügen und die Quark-Sahne-Creme auf dem ausgekühlten Teig verteilen.
**7.** Die gewaschenen Heidelbeeren kurz in Wasser schwenken, in ein Sieb geben und den Saft auffangen.
**8.** Etwa 50 ml von diesem lila gefärbten Wasser in eine Tasse geben und das Agar-Agar (Tortenguß) hineinrühren.
**9.** Den restlichen Saft erhitzen, nicht kochen, und mit dem Apfeldicksaft süßen. Die Flüssigkeit von der Kochstelle nehmen und das Agar-Agar (Tortenguß) unterrühren, nochmals kurz erhitzen und abkühlen lassen.
**10.** Die Heidelbeeren auf der Sahne-Quark-Masse verteilen und den Guß lauwarm darübergießen. Für etwa 2 Stunden kalt stellen. Die Torte in 16 Stücke zerteilt servieren.

pro Stück 186 kcal/770 kJ
**(auf dem Foto)**

## KÄSEKUCHEN OHNE BODEN

Zubereitungszeit: ca. 1¼ Std.

**Zutaten für 1 Torte (12 Stücke):**

| |
|---|
| 1½ kg Quark, 20% Fett |
| 6 Päckchen Saucenpulver mit Vanillearoma (ungefärbt) |
| 1 Msp. Safran |
| 70 g ungeschwefelte Rosinen |
| 2 Eigelb |
| 1 TL abgeriebene Schale einer unbehandelten Zitrone |
| 1 Päckchen Weinsteinbackpulver |
| 70 g ungehärtete Margarine |
| 150 g Apfeldicksaft |

**Zubereitung:**

**1.** Alle Zutaten zu einem glatten Teig miteinander vermischen und in eine mit Backpapier ausgelegte Springform von 26 cm Durchmesser füllen.
**2.** Den Käsekuchen bei 150 °C im Backofen 50 bis 60 Minuten backen und abkühlen lassen. In 12 Stücke zerteilt servieren.

pro Stück ca. 260 kcal/1078 kJ

Tip:

Zum Backen dieses Kuchens eignen sich besonders Backformen aus durchsichtigem Plexiglas, die man nicht einzufetten braucht.

## KARTOFFELKUCHEN

Zubereitungszeit: ca. 1½ Std.

**Zutaten für 1 Kuchen (12 Stücke):**

| |
|---|
| 400 g Kartoffeln |
| 18 g Weinsteinbackpulver |
| 70 g Kartoffelmehl, 3 Eigelb |
| 200 g Ahornsirup oder Honig (etwa 1 EL zurückbehalten für den Belag) |
| 1 EL Quark |
| 1 TL abgeriebene Schale einer unbehandelten Zitrone |
| 50 g Rosinen |
| 100 g gemahlene Haselnüsse |
| 15 g Zimt, 1 EL Rum |
| 1 TL ungehärtetes Pflanzenfett (zum Einfetten der Form) |
| 1 EL Kokosraspeln |
| 1 EL Ahornsirup oder Honig |

**Zubereitung:**

**1.** Die Kartoffeln waschen und mit der Schale in wenig Wasser garen, anschließend abpellen und zu einem glatten Brei zerstampfen.

**2.** Das Weinsteinbackpulver mit dem Kartoffelmehl mischen und zu den gestampften Kartoffeln geben.

**3.** Die Eigelbe mit dem Ahornsirup (Honig) schaumig schlagen. Danach den Quark, die abgeriebene Zitronenschale, die Rosinen, die Haselnüsse, Zimt und den Rum hinzufügen und gut vermischen.

**4.** Die Kartoffelmasse hinzufügen und alles miteinander verrühren. Den Teig in eine gefettete Springform von 26 cm Durchmesser verteilen und bei 150 °C etwa 45 Minuten backen.

**5.** Die Kokosraspeln in einer Pfanne ohne Fett leicht rösten. Den noch warmen Kuchen mit dem Ahornsirup oder Honig bestreichen und die gerösteten Kokosraspeln darauf verteilen. Den Kartoffelkuchen auskühlen lassen und in 12 Stücke geteilt servieren.

pro Stück ca. 192 kcal/798 kJ

# KASTENKUCHEN MIT APFELSTÜCKCHEN

Zubereitungszeit: ca. 1 ¾ Std.

**Zutaten für 1 Kuchen (15 Stücke):**

| |
|---|
| 125 g zerlassene Butter |
| 100 g flüssiger Honig |
| 2 Eigelbe |
| 4 EL Sahne |
| 1 EL abgeriebene Schale einer unbehandelten Zitrone |
| 125 g grob gehackte Mandeln |
| ½ TL Meersalz |
| 1 TL gemahlene Vanille |
| 1 ½ TL Zimtpulver |
| 3 TL Weinsteinbackpulver |
| 350 g feines Weizen- oder Dinkelvollkornmehl |
| 3–4 mürbe Äpfel (300 g küchenfertig) |
| 1 TL Butter für die Form |

**Zubereitung:**

**1.** Die flüssige Butter zusammen mit Honig, Eigelben, Sahne und 80 ml Wasser zu einer glatten Creme verrühren. Zitronenschale, Mandeln, Salz, Vanille und Zimt hinzufügen und alles gut verrühren.

**2.** Das Backpulver mit dem Vollkornmehl mischen und nach und nach unter den Teig rühren. Ihn dann etwa ¼ Stunde ruhen lassen. Den Backofen auf 160 °C vorheizen.

**3.** In der Zwischenzeit die Äpfel schälen, die Kerngehäuse entfernen und das Fruchtfleisch in schmale Spalten oder Stücke schneiden. Diese dann sofort unter den Teig rühren.

**4.** Eine Kastenform (30 cm Länge) einfetten, den Teig hineinfüllen und glattstreichen. Im Backofen auf der unteren Schiene 45 bis 50 Minuten backen. Gleich zu Beginn der Backzeit ein mit Wasser gefülltes feuerfestes Gefäß mit in den Ofen stellen.

**5.** Nach Ende der Backzeit den Kuchen noch kurze Zeit in der Form lassen. Ihn dann vorsichtig am Rand von der Form lösen, auf ein Kuchengitter stürzen und darauf auskühlen lassen.

pro Stück ca. 260 kcal/1090 kJ

Tip:

Verpacken Sie den ausgekühlten Kuchen in Alufolie. So wird er nicht trocken, sondern bleibt lange saftig.

# SESAMSCHNITTEN

Zubereitungszeit: ca. ¾ Std.

**Zutaten für 1 Blech (40 Stücke):**

| |
|---|
| 125 g flüssige Butter |
| 150 g flüssiger Honig |
| 250 g Buttermilch |
| 2 EL abgeriebene Schale einer unbehandelten Zitrone |
| 1 Eigelb |
| 100 g gehackte Mandeln |
| 100 g ungeschwefelte Rosinen |
| ½ TL Meersalz |
| 1 Päckchen Weinsteinbackpulver |
| 350 g feines Dinkel- oder Weizenvollkornmehl |
| 1 EL Butter für das Blech |
| 100 g Sesamkörner |

**Zubereitung:**

**1.** Die flüssige Butter zusammen mit Honig und Buttermilch zu einer glatten Creme verrühren. Zitronenschale, Eigelb, Mandeln, Rosinen und Meersalz hinzufügen und alles schön glattrühren.

**2.** Das Backpulver mit dem Vollkornmehl mischen und nach und nach unter den Buttermilchteig rühren. Darauf den Backofen auf 160 °C vorheizen.

**3.** Ein Backblech einfetten. Den Teig darauf streichen und etwa ¼ Stunde ruhen lassen. Anschließend die Sesamkörner gleichmäßig auf den Teig streuen.

**4.** Das Blech auf der mittleren Schiene in den Ofen schieben und den Sesamkuchen etwa 25 Minuten backen. Dann noch heiß in etwa 40 schmale Riegel schneiden und diese auskühlen lassen.

pro Stück ca. 120 kcal/500 kJ

## PHILADELPHIATORTE

Zubereitungszeit: ca. 1 Std.

**Zutaten für 1 Torte (12 Stücke):**

**Für den Boden:**

| |
|---|
| 250 g Vollkornzwieback |
| 125 g weiche Butter, 1 EL Honig |

**Für den Belag:**

| |
|---|
| 6 Blatt weiße Gelatine |
| 150 g Doppelrahmfrischkäse |
| 150 g Quark, 10% Fett |
| 60 g Honig |
| 2 TL abgeriebene Zitronenschale |
| 200 g süße Sahne, 30% Fett |

**Zubereitung:**

**1.** Den Zwieback fein zerkrümeln oder reiben. Die Butter sehr weich werden lassen und mit dem Honig gut verrühren.

**2.** Die Zwiebackkrümel hinzufügen und zu einem Teig verkneten. ¾ davon auf dem Boden einer Springform verteilen und fest andrücken.

**3.** Die Gelatine in Wasser 10 Minuten quellen lassen.

**4.** In der Zwischenzeit den Frischkäse mit dem Quark, dem Honig und der Zitronenschale verrühren.

**5.** Die Sahne schlagen und unter die Masse heben.

**6.** Die Gelatine gut abtropfen lassen und bei geringer Hitze schmelzen und unter die Quark-Sahne-Creme rühren.

**7.** Die Creme auf dem Boden verteilen. Den restlichen Teig darüberstreuen. Die Torte kalt stellen.

pro Stück ca. 275 kcal/1139 kJ

**(auf dem Foto: rechts)**

## PAPRIKA-QUARK-BROT

Zubereitungszeit: ca. ¼ Std.

**Zutaten für 1 Portion:**

| |
|---|
| ½ rote Paprikaschote |
| 50 g Quark, 20% Fett i. Tr. |
| ¼ TL Kräutersalz |
| 1 Scheibe Vollkornknäckebrot |
| ⅓ TL Rosenpaprika |

**Zubereitung:**

**1.** Die Paprikaschote waschen und sehr fein schneiden.

**2.** Den Quark mit Salz und Paprikastreifen mischen.

**3.** Die Quarkmasse auf dem Knäckebrot verteilen und mit Paprikapulver bestreuen.

ca. 117 kcal/484 kJ

**(auf dem Foto: links)**

## KÜMMELSTANGEN

Zubereitungszeit: ca. ½ Std.
Kühlzeit: ca. 1 Std.

**Zutaten für 15 Stangen:**

| |
|---|
| 120 g feines Weizenvollkornmehl |
| 1 TL Weinsteinbackpulver |
| 1 TL Kräutersalz |
| 2 EL Sonnenblumenöl |
| 100 g Joghurt, 3,5% Fett |
| 2 EL Kümmel |

**Zubereitung:**

**1.** Das Mehl mit Backpulver und Salz mischen.
**2.** Mit dem Sonnenblumenöl und dem Joghurt zu einem glatten Teig verkneten.
**3.** Den Teig in 15 gleich große Stücke teilen und diese in etwa 10 cm lange Stangen rollen. In dem Kümmel wälzen.
**4.** Zugedeckt im Kühlschrank etwa 1 Stunde ruhen lassen. Die Stangen auf ein gefettetes Blech legen und im vorgeheizten Backofen bei 180 °C etwa 18 Minuten backen.
pro Stange ca. 46 kcal/191 kJ
**(auf dem Foto: links)**

## PIKANTE KÄSETALER

Zubereitungszeit: ca. ½ Std.
Kühlzeit: ca. 1 Std.

**Zutaten für 35 Taler:**

| |
|---|
| 120 g feines Weizenvollkornmehl |
| 70 g milder Blauschimmelkäse |
| 50 g Butter |
| 50 g süße Sahne, 10% Fett |
| 1 Eigelb, 1 EL Wasser |
| Kümmel, Sesam oder Mohn |

**Zubereitung:**

**1.** Das Mehl mit dem Käse, der Butter und der Sahne zu einem geschmeidigen Teig kneten.
**2.** Den Teig auf einer bemehlten Fläche zu einer Rolle von etwa 3 cm Durchmesser formen und etwa 1 Stunde im Kühlschrank ruhen lassen.
**3.** Anschließend die Rolle in 35 Scheiben schneiden und diese auf ein gefettetes Backblech legen.
**4.** Das Eigelb mit dem Wasser verquirlen und die Taler damit bestreichen. Nach Belieben mit dem Kümmel, Sesam oder Mohn bestreuen.
**5.** Im vorgeheizten Backofen bei 180 °C etwa 18 Minuten backen.
pro Stück ca. 35 kcal/148 kJ
**(auf dem Foto: rechts)**

# FRANZÖSISCHE KÜMMELPLÄTZCHEN

Zubereitungszeit: ca. 35 Min.
Kühlzeit: ca. ½ Std.

**Zutaten für ca. 40 Stück:**

| |
|---|
| 200 g feines Dinkelvollkornmehl |
| 50 g kalte Butter |
| 125 g Quark, 20% Fett i. Tr. |
| ½ TL Meersalz |
| 1 TL Kräuter der Provence |
| 1 TL Fett für das Blech |
| 1 Eigelb |
| 3 TL Kümmel |

**Zubereitung:**

**1.** Das Dinkelmehl mit Butter, Quark, Salz und den Kräutern zu einem geschmeidigen Teig verkneten.

**2.** Den Teig auf einer bemehlten Arbeitsfläche zu einer Rolle (ca. 3 cm ø) formen und diese abgedeckt im Kühlschrank etwa ½ Stunde ruhen lassen.

**3.** Den Backofen auf 180 °C vorheizen. Die Teigrolle in etwa 40 gleich dicke Scheiben schneiden und auf ein gefettetes Backblech legen.

**4.** Das Eigelb mit 1 Eßlöffel Wasser verquirlen, die Plätzchen damit bestreichen und mit dem Kümmel bestreuen. Im Backofen 15 bis 18 Minuten backen.

pro Stück ca. 30 kcal/125 kJ

# KLEINE KNOBLAUCH-KRÄUTER-BRÖTCHEN

Zubereitungszeit: ca. ¾ Std.
Zeit zum Gehen: ca. 40 Min.

**Zutaten für ca. 30 Stück:**

| |
|---|
| 1 Würfel Hefe |
| 470 g feines Dinkelvollkornmehl |
| 200 g Zwiebeln |
| 2 EL kaltgepreßtes Sonnenblumenöl |
| 1–2 Knoblauchzehen |
| ½ TL Korianderkörner |
| 1 TL Meersalz |
| 1 TL gerebelter Oregano |
| 1 TL gerebelter Thymian |
| 50 g Sonnenblumenkerne |
| 100 g Buttermilch |
| Fett für das Blech |
| 1 Eigelb |
| 4 TL Sesamsamen |

**Zubereitung:**

**1.** Die Hefe in 200 ml lauwarmem Wasser auflösen und mit 200 g des Dinkelmehls zu einem Vorteig verrühren. Diesen abgedeckt an einem warmen Ort etwa 20 Minuten gehen lassen.

**2.** Die Zwiebeln schälen, würfeln und in dem Öl glasig dünsten. Die Knoblauchzehen schälen und sehr fein hacken. Die Korianderkörner im Mörser zerstoßen.

**3.** Zwiebelwürfel, Knoblauch, Koriander, Salz, Oregano, Thymian und Sonnenblumenkerne mit der Buttermilch mischen und zusammen mit den restlichen 270 g Mehl zum Vorteig geben. Alles kräftig kneten, bis ein fester, formbarer Teig entstanden ist. Ein Backblech mit etwas Fett (Butter oder Margarine) einfetten.

**4.** Den Backofen auf 200 °C vorheizen. Aus dem Teig mit bemehlten Händen etwa 30 Kugeln formen. Diese auf das gefettete Blech setzen, an den Oberseiten über Kreuz einschneiden und nochmals in etwa 20 Minuten an einem warmen Ort auf das Doppelte aufgehen lassen.

**5.** Danach die Brötchen mit dem Eigelb bestreichen und mit dem Sesam bestreuen. Im Backofen 15 bis 18 Minuten backen.

pro Stück ca. 105 kcal/440 kJ

# Kleine Salate, Saucen und Vorsuppen

## ROHKOSTPLATTE

Zubereitungszeit: ca. 20 Min.

**Zutaten für 2 Portionen:**

**Für den Salat:**

3 Möhren, 1 kleiner Rettich
100 g Champignons
1 kleine Salatgurke
1 rote Paprikaschote
Petersilie zum Garnieren

**Für die Sauce:**

1 EL kaltgepreßtes Sonnenblumenöl
½ TL Meersalz
1 TL vergorenes Molkekonzentrat (Molkosan)
5–6 EL Wasser

**Zubereitung:**

**1.** Die Möhren und den Rettich schälen, waschen und getrennt fein raspeln.
**2.** Die Champignons putzen, kurz waschen und in dünne Scheiben schneiden.
**3.** Die Gurke schälen und in dünne Scheiben hobeln.
**4.** Die Paprikaschote waschen, putzen und in kleine Streifen oder Würfel schneiden.
**5.** Jeweils in die Mitte von zwei Tellern ein Häufchen geraspelter Möhren geben. Die anderen Rohkostzutaten einzeln rundherum anrichten.
**6.** Alle Saucenzutaten miteinander verrühren, die Sauce über die Rohkost geben und diese mit der gewaschenen Petersilie garnieren.
ca. 130 kcal/545 kJ
**(auf dem Foto: oben)**

## PILZSALAT

Zubereitungszeit: ca. 35 Min.

**Zutaten für 2 Portionen:**

**Für den Salat:**

400 g grüne Bohnen
etwas Meersalz
250 g Champignons
1½ EL Butter
2 TL Pizzagewürz
1–2 TL vegetarische Gemüsebrühe (Instantpulver)
4 Tomaten
1 rote Paprikaschote

**Für die Sauce:**

1 EL kaltgepreßtes Olivenöl
1 EL vergorenes Molkekonzentrat (Molkosan)
1 TL Kräutersalz

**Außerdem:**

1 EL gehackte glatte Petersilie

**Zubereitung:**

**1.** Die Bohnen putzen, kurz waschen, wenn nötig abfädeln und in 3 cm lange Stücke schneiden. In wenig leicht gesalzenem Wasser in 15 bis 18 Minuten bißfest garen.
**2.** In der Zwischenzeit die Champignons putzen, kurz waschen und in feine Scheiben schneiden.
**3.** Die Butter in einer Pfanne schmelzen lassen und die Pilze bei mittlerer Hitze von allen Seiten so lange braten, bis sie leicht Farbe angenommen haben. Mit dem Pizzagewürz und der vegetarischen Gemüsebrühe abschmecken, dann auskühlen lassen.
**4.** Die Tomaten waschen. Die Paprikaschote putzen und waschen. Das Gemüse in schmale Streifen schneiden.
**5.** Die Bohnen abgießen, mit Pilzen, Tomaten und Paprika auf zwei Tellern anrichten.
**6.** Für die Sauce das Olivenöl mit dem Molkekonzentrat und 80 ml Wasser verrühren und mit Kräutersalz abschmecken.
**7.** Die Sauce über den Salat geben. Mit Petersilie garnieren.
ca. 240 kcal/1000 kJ
**(auf dem Foto: Mitte)**

## KOHLRABISALAT

Zubereitungszeit: ca. ¼ Std.

**Zutaten für 2 Portionen:**

3 Kohlrabiknollen (600 g)
150 g saure Sahne
1 EL vergorenes Molkekonzentrat (Molkosan)
1 TL Kräutersalz
1 TL Frutilose
3 EL feingehackte Kräuter (Petersilie, Schnittlauch, Dill)
2 EL Sonnenblumenkerne

**Zubereitung:**

**1.** Die Kohlrabi schälen, waschen und grob raspeln.
**2.** Die saure Sahne mit 60 ml Wasser, Molkosan, Kräutersalz und Frutilose glattrühren.
**3.** Die Sauce über die Kohlrabiraspel gießen und den Salat mit Kräutern und Sonnenblumenkernen bestreuen.
ca. 200 kcal/840 kJ
**(auf dem Foto: unten)**

## FELDSALAT MIT SELLERIE UND TOFU

Zubereitungszeit: ca. 1 Std.

**Zutaten für 2 Portionen:**

| |
|---|
| 1 Sellerieknolle (ca. 400 g) |
| 125 g Feldsalat |
| 50 g geräucherter Tofu |
| 1 EL kaltgepreßtes Sonnenblumenöl |
| 1 TL vegetarische Gemüsebrühe (Instantpulver) |
| 1 TL vergorenes Molkekonzentrat (Molkosan) |
| 2 EL Schnittlauchröllchen |

**Zubereitung:**

**1.** Die Sellerieknolle waschen und in reichlich Wasser 20 bis 25 Minuten garen. Anschließend abkühlen lassen, schälen und grob raspeln. Dann auf zwei Tellern verteilen.
**2.** Den Feldsalat putzen, gut waschen, abtropfen lassen und auf dem Sellerie anrichten.
**3.** Den geräucherten Tofu in kleine Würfel schneiden und in dem nicht zu heißen Öl goldgelb braten. Dann herausnehmen und beiseite stellen.
**4.** Dann 100 ml Wasser in die Pfanne geben, kurz aufkochen lassen, mit der vegetarischen Gemüsebrühe würzen und mit dem Molkekonzentrat leicht säuerlich abschmecken.
**5.** Die Sauce etwas abkühlen lassen und noch warm über den Salat geben. Ihn mit den Tofustückchen und den Schnittlauchröllchen bestreut servieren.
ca. 125 kcal/520 kJ
**(auf dem Foto: oben)**

## ENDIVIEN-ORANGEN-SALAT

Zubereitungszeit: ca. ½ Std.

**Zutaten für 2 Portionen:**

**Für den Salat:**

| |
|---|
| 1 kleiner Kopf Endiviensalat |
| 1 große rote Paprikaschote |
| 2 Fleischtomaten |
| 2 Orangen |

**Für die Sauce:**

| |
|---|
| 2 Orangen |
| 150 g Sahnedickmilch |
| 1 TL Kräutersalz |
| 1 TL Frutilose |
| 3 EL gehackte Kräuter (Schnittlauch, Petersilie, Dill) |

**Zubereitung:**

**1.** Den Endiviensalat waschen, putzen, abtropfen lassen, kleinschneiden und in eine Schüssel geben.
**2.** Die Paprikaschote putzen, waschen und in feine Streifen schneiden. Die Tomaten waschen, die Stielansätze herausschneiden und die Früchte ebenfalls in Streifen schneiden.
**3.** Die 2 Orangen für den Salat sorgfältig schälen, dabei auch die weiße Haut entfernen. Die Filets aus den Trennhäuten herausschneiden. Alle vorbereiteten Zutaten mischen.
**4.** Die 2 Orangen für die Sauce auspressen, den Saft mit der Sahnedickmilch verrühren und alles mit Kräutersalz und Frutilose abschmecken.
**5.** Die Sauce mit dem Salat mischen und ihn mit den gehackten Kräutern bestreuen.
ca. 260 kcal/1090 kJ
**(auf dem Foto: Mitte)**

## ROTE BETE-APFEL-ROHKOST

Zubereitungszeit: ca. 20 Min.

**Zutaten für 2 Portionen:**

| |
|---|
| 1 kleiner Kopf grüner Salat |
| 3 Rote-Bete-Knollen (ca. 400 g) |
| 3 säuerliche Äpfel |
| 1 EL Zitronensaft |
| 2 EL Frutilose |
| 150 g Sahnedickmilch |
| 2 TL gehackte Mandeln |

**Zubereitung:**

**1.** Den Salat putzen, verlesen, waschen und gut abtropfen lassen. Zwei Teller damit auslegen.
**2.** Die roten Beten gründlich waschen, putzen, schälen und in feine Stifte schneiden.
**3.** Die Äpfel waschen, vierteln, entkernen und grob raspeln. Anschließend mit dem Zitronensaft beträufeln.
**4.** Die roten Beten mit den Äpfeln mischen und mit der Frutilose leicht süßen. Zum Schluß die Sahnedickmilch darunterrühren.
**5.** Die Rohkost auf dem Salat anrichten und mit den Mandeln bestreuen.
ca. 310 kcal/1300 kJ
**(auf dem Foto: unten)**

## FENCHELFRISCHKOST

Zubereitungszeit: ca. 20 Min.

**Zutaten für 1 Portion:**

- 150 g Fenchelknolle
- 150 g Fleischtomaten
- 1 gelbe Paprikaschote

**Für die Sauce:**

- 1–2 EL Zitronensaft
- 100 g Joghurt, natur, 3,5%
- 1 TL Apfeldicksaft
- ½ TL gemahlener Koriander
- 2 EL Keimlinge (Getreide, Mungobohnen, Kresse)

**Zubereitung:**

**1.** Den Fenchel putzen, halbieren, mit der Schnittfläche auf ein Brettchen legen und in sehr feine Streifen schneiden.
**2.** Die Tomaten vom Stielansatz befreien und achteln. Die Paprikaschote vom Samengehäuse befreien und ebenfalls in kleine Streifen schneiden. Alles miteinander mischen.
**3.** Den Zitronensaft mit dem Joghurt cremig aufschlagen und mit dem Apfeldicksaft süßen. Mit dem Koriander würzen, über das Gemüse gießen und mit den Keimlingen bestreut servieren. Essen Sie dazu 100 bis 150 g Hähnchenfleisch.
ca. 261 kcal/1080 kJ

## SAUERKRAUTSALAT

Zubereitungszeit: ca. 20 Min.
Kühlzeit: ca. 2 Std.

**Zutaten für 1 Portion:**

- 1 Fleischtomate
- 1 rote Zwiebel
- 1 Scheibe frische Ananas
- 1 süßlicher Apfel
- 200 g frisches Sauerkraut
- 1 EL ungeschwefelte Rosinen
- 1 TL Sonnenblumenöl
- 1 TL Apfeldicksaft
- 1 EL gehackte Petersilie

**Zubereitung:**

**1.** Die Tomate, die Zwiebel, die Ananasscheibe und den vom Kerngehäuse befreiten Apfel säubern und in kleine Würfel schneiden.
**2.** Das Sauerkraut, die Rosinen und das Sonnenblumenöl hinzufügen und alles miteinander mischen.
**3.** Mit dem Apfeldicksaft süßen und mit der gehackten Petersilie bestreuen. Im Kühlschrank etwa 2 Stunden ziehen lassen.
ca. 336 kcal/1391 kJ

## MÖHREN-ROTKOHL-FRISCHKOST

Zubereitungszeit: ca. ½ Std.

**Zutaten für 1 Portion:**

- 100 g Möhren
- 1 Stangensellerie
- 200 g Rotkohl
- 1 Apfel, 5 Radieschen

**Für die Sauce:**

- 2 EL Sahnedickmilch
- 1 TL Sonnenblumenöl
- 2 EL Zitronensaft
- ½ TL Kräutersalz
- 1 TL Apfeldicksaft
- 5 Mandeln, gestiftelt

**Zubereitung:**

**1.** Die Möhren waschen, schälen und grob raspeln. Den Stangensellerie putzen, von den festen Fäden befreien und in feine Ringe schneiden.
**2.** Den Rotkohl vom harten Strunk befreien und auf einem Gemüsehobel nicht zu grob reiben.
**3.** Den Apfel vierteln, das Kerngehäuse herausschneiden und grob raspeln. Zum Schluß die Radieschen in feine Scheiben schneiden und mit den restlichen zerkleinerten Salatzutaten mischen.
**4.** Aus der Sahnedickmilch, dem Sonnenblumenöl, dem Zitronensaft, dem Kräutersalz und dem Apfeldicksaft eine Sauce rühren und über den Salat verteilen.
**5.** Die gestiftelten Mandeln in einer Pfanne ohne Fett kurz anrösten und darüberstreuen.
ca. 314 kcal/1299 kJ
**(auf dem Foto: oben rechts)**

## BLUMENKOHLSALAT

Zubereitungszeit: ca. ½ Std.

**Zutaten für 1 Portion:**

| |
|---|
| 1 Blumenkohl (400 g) |
| ½ l Wasser, ½ TL Meersalz |
| 50 ml Brottrunk |
| 1 TL Sonnenblumenöl |
| ½ TL Kräutersalz |
| 1 Zwiebel, fein gehackt |

**Zubereitung:**

**1.** Den Blumenkohl in kochendem Salzwasser 15 Minuten bißfest garen.
**2.** Aus den restlichen Zutaten eine Salatsauce rühren.
**3.** Die Zwiebel hineinrühren und mit dem Blumenkohl mischen.
ca. 181 kcal/749 kJ
**(auf dem Foto: oben links)**

## BLUMENKOHL-ROHKOST

Zubereitungszeit: ca. ½ Std.

**Zutaten für 1 Portion:**

| |
|---|
| 200 g Blumenkohl |
| 1 grüne Paprikaschote |
| 2 feste Tomaten |
| 1 kleine Zwiebel |

**Für die Sauce:**

| |
|---|
| 3 EL Brottrunk |
| 1 TL Sonnenblumenöl |
| 1 TL Apfeldicksaft |
| 1 EL Sahnedickmilch |
| 1 Knoblauchzehe |
| 1 TL Paprika, edelsüß |
| ½ TL Kräutersalz |
| 2 EL Schnittlauch, fein geschnitten |

**Zubereitung:**

**1.** Den Blumenkohl waschen, vom harten Strunk befreien und auf einem Gemüsehobel grob raspeln.
**2.** Die Paprikaschote und die Tomaten säubern und in feine Streifen schneiden.
**3.** Anschließend die Zwiebel schälen, klein würfeln und mit dem Blumenkohl und den Paprikastreifen mischen.
**4.** Aus dem Brottrunk, dem Sonnenblumenöl, dem Apfeldicksaft und der Sahnedickmilch eine cremige Sauce rühren. Mit der gepreßten Knoblauchzehe, dem Paprikapulver und dem Kräutersalz würzen.
**5.** Die Sauce über den Rohkostsalat verteilen, mit etwas Paprikapulver bestäuben und mit Schnittlauch bestreuen.
ca. 214 kcal/886 kJ
**(auf dem Foto: unten)**

## CHINAKOHLSALAT

Zubereitungszeit: ca. 20 Min.

**Zutaten für 1 Portion:**

| |
|---|
| 200 g Chinakohl, 80 ml Brottrunk |
| 1 TL Sonnenblumenöl |
| 2 EL Sahnedickmilch |
| 1 TL Apfeldicksaft |
| ½ TL Kräutersalz, 1 Zwiebel |

**Zubereitung:**

**1.** Den Chinakohl putzen, waschen und in 1 bis 2 cm breite Streifen schneiden.

**2.** Aus dem Brottrunk, dem Öl, der Dickmilch, dem Dicksaft und dem Salz eine Sauce rühren.

**3.** Die Zwiebeln würfeln und mit dem Chinakohl und der Sauce mischen. Diesen Salat sollten Sie mit einer Eiweiß- oder Kohlenhydratmahlzeit ergänzen.

ca. 151 kcal/625 kJ

**(auf dem Foto: links)**

## ROHKOSTPLATTE MIT ANANASSAUCE

Zubereitungszeit: ca. 40 Min.

**Zutaten für 1 Portion:**

| |
|---|
| 400 g Rohkost bestehend aus: |
| Radicchio, Eisbergsalat, Salatgurke, Paprikaschote, Tomaten, frischen Champignons und Blumenkohl |

**Für die Sauce:**

| |
|---|
| 100 g Sahnedickmilch |
| 1 TL Zitronensaft |
| 1 TL Apfeldicksaft, 1 Zwiebel |
| 1 EL ungeschwefelte Rosinen |
| 50 g frische Ananas |
| je 1 TL Curry und Kräutersalz |
| ½ TL Kardamom |
| 2 EL feingehackte Petersilie |

**Zubereitung:**

**1.** Den Radicchiosalat und den Eisbergsalat putzen, waschen und zerteilen.

**2.** Die Gurke schälen, längs vierteln und in 1 cm breite Würfel schneiden.

**3.** Die Paprikaschote vom Samengehäuse befreien und in feine Streifen schneiden.

**4.** Anschließend die gewaschenen Tomaten und die geputzten Champignons zerkleinern. Den Blumenkohl säubern und auf einem Gemüsehobel grob raspeln.

**5.** Den Salat dekorativ auf einer Platte anrichten.

**6.** Die Sahnedickmilch mit dem Zitronensaft und dem Apfeldicksaft cremig verrühren. Die Zwiebeln würfeln und mit den Rosinen hinzufügen. Die Ananas klein schneiden und unter die Sauce rühren. Mit dem Curry, dem Kräutersalz und dem Kardamom abschmecken und über den Salat gießen. Mit der Petersilie bestreut servieren.

ca. 337 kcal/1395 kJ

**(auf dem Foto: rechts)**

## GRÜNER SALAT

Zubereitungszeit: ca. 1/4 Std.

**Zutaten für 1 Portion:**

| |
|---|
| 1 Kopfsalat (etwa 400 g) |
| 1 Zwiebel |
| 3 EL frische Kräuter (Dill, Petersilie, Schnittlauch) |
| 3 EL Brottrunk |
| 1 TL Sonnenblumenöl |
| 1 EL Sahnedickmilch |
| 1 TL Apfeldicksaft |
| 1/2 TL Kräutersalz |

**Zubereitung:**

**1.** Den Salat putzen, waschen und in Stücke teilen.

**2.** Die Zwiebel und die Kräuter fein hacken und mit dem Brottrunk, dem Sonnenblumenöl, der Sahnedickmilch, dem Apfeldicksaft und dem Kräutersalz zu einer Sauce verrühren.

**3.** Die Sauce über den Salat geben und vorsichtig damit vermischen. Diesen Salat sollten Sie mit einer Kohlenhydrat- oder Eiweißmahlzeit ergänzen.

172 kcal/712 kJ

**(auf dem Foto: rechts)**

## BOHNENSALAT

Zubereitungszeit: ca. 1/2 Std.

**Zutaten für 1 Portion:**

| |
|---|
| 400 g Busch- oder Stangenbohnen |
| 1 Stengel Bohnenkraut |
| 1/2 l Wasser, 1/2 TL Meersalz |
| 1 Zwiebel |
| 3 EL Brottrunk |
| 1 TL Sonnenblumenöl |
| 1/2 TL Kräutersalz |
| 1 TL saure Sahne |

**Zubereitung:**

**1.** Die Bohnen von Fäden befreien, in Stücke brechen und zusammen mit dem Bohnenkraut in dem kochenden, leicht gesalzenen Wasser etwa 20 Minuten garen.

**2.** Aus dem Wasser herausnehmen, abtropfen und auskühlen lassen.

**3.** Die Zwiebel schälen, in kleine Würfel schneiden und zu den Bohnen geben.

**4.** Den Brottrunk mit dem Sonnenblumenöl und dem Kräutersalz verrühren. Danach die Sauce über die Bohnen gießen und mischen.

**5.** Zum Schluß die saure Sahne darübergeben und kurz ziehen lassen. Diesen Salat sollten Sie mit einer Eiweiß- oder Kohlenhydratmahlzeit ergänzen.

ca. 197 kcal/815 kJ

**(auf dem Foto: links)**

## BUNTER GEMÜSESALAT

Zubereitungszeit: ca. ½ Std.

**Zutaten für 1 Portion:**

| |
|---|
| 100 g Blumenkohl |
| 75 g Prinzeßbohnen |
| 100 g Möhren |
| ½ TL Meersalz |
| ⅓ Salatgurke (100 g) |
| 2 Stangen Staudensellerie |

**Für die Sauce:**

| |
|---|
| 100 ml Brottrunk |
| 1 TL Sonnenblumenöl |
| ½ TL Kräutersalz |
| 1 Knoblauchzehe |
| 2 EL Sahnedickmilch |
| 1 EL Schnittlauch, fein geschnitten |
| 1 EL Petersilie, fein gehackt |

**Zubereitung:**

**1.** Den Blumenkohl, die Prinzeßbohnen und die Möhren putzen, waschen und in passende Stücke schneiden. Das Gemüse ins kochende, leicht gesalzene Wasser geben und 10 bis 12 Minuten garen.
**2.** Inzwischen die Gurke schälen, der Länge nach vierteln und in 1 bis 2 cm lange Stücke schneiden.
**3.** Den Sellerie ebenfalls putzen, waschen und in 1 cm lange Streifen schneiden.
**4.** Für die Salatsauce den Brottrunk, das Sonnenblumenöl, das Kräutersalz und den gepreßten Knoblauch miteinander verrühren. Mit dem Schneebesen die Sahnedickmilch kräftig unterschlagen.
**5.** Das noch bißfeste Gemüse gut abtropfen lassen und in eine Schüssel geben. Mit den Gurken- und Selleriestückchen mischen.
**6.** Die Salatsauce über das noch warme Gemüse geben und vorsichtig mischen. Mit den Schnittlauchröllchen und der Petersilie bestreut servieren.
ca. 214 kcal/866 kJ

## GEMISCHTER SALAT „ITALIENISCHE ART"

Zubereitungszeit: ca. 20 Min.

**Zutaten für 1 Portion:**

| |
|---|
| 1 kleiner römischer Salat (Romana) |
| 1 Fleischtomate |
| 1 gelbe Paprikaschote |
| 100 ml Brottrunk |
| 1 TL Olivenöl |
| ½ TL Kräutersalz |
| ½ TL Kräuter der Provence |
| ½ TL Oregano |
| 1 rote Zwiebel |
| 1–2 Knoblauchzehen |
| 3 EL frische Kräuter, fein gehackt (Basilikum, glatte Petersilie) |

**Zubereitung:**

**1.** Den römischen Salat, die Fleischtomate und die gelbe Paprikaschote putzen, waschen und in Streifen schneiden. Alles mischen.
**2.** Den Brottrunk, das Olivenöl, das Kräutersalz, die Kräuter der Provence und den Oregano zu einer Sauce rühren.
**3.** Die Zwiebel in feine Ringe schneiden, den durch die Presse gedrückten Knoblauch hinzufügen und die Sauce über den gemischten Salat gießen.
**4.** Mit den frisch gehackten Kräutern bestreuen, alles miteinander mischen und kurze Zeit ziehen lassen.
ca. 177 kcal/733 kJ

## TOMATENSALAT

Zubereitungszeit: ca. ¼ Std.

**Zutaten für 1 Portion:**

| |
|---|
| 400 g feste Tomaten |
| 1 Zwiebel |
| ½ TL Kräutersalz |
| 1 TL Sonnenblumenöl |
| 3 EL Brottrunk |
| 3 EL gehackte Petersilie |

**Zubereitung:**

**1.** Die Tomaten waschen und vom Stengelansatz befreien. Anschließend in schöne Scheiben schneiden.
**2.** Die geschälte Zwiebel fein hacken und zu den Tomaten geben.
**3.** Mit dem Kräutersalz würzen und mit dem Sonnenblumenöl und dem Brottrunk mischen.
**4.** Mit der gehackten Petersilie bestreuen und servieren. Diesen Salat sollten Sie mit einer Eiweiß- oder Kohlenhydratmahlzeit ergänzen.
ca. 145 kcal/600 kJ
**(auf dem Foto: links)**

## SELLERIESALAT

Zubereitungszeit: ca. 40 Min.

**Zutaten für 1 Portion:**

| |
|---|
| 1 Sellerieknolle (400 g) |
| 50 ml Brottrunk |
| 2 EL Sahnedickmilch |
| 1 TL Sonnenblumenöl |
| 1 TL Apfeldicksaft |
| 1 TL Kräutersalz |
| 1 Zwiebel |
| 2 EL feingehackte Petersilie |

**Zubereitung:**

**1.** Die Sellerieknolle waschen und in reichlich kochendem Wasser 20 bis 25 Minuten garen. Nach dem Abkühlen schälen und grob raspeln.

**2.** Aus dem Brottrunk, der Sahnedickmilch, dem Sonnenblumenöl, dem Apfeldicksaft und dem Kräutersalz eine pikante Sauce rühren.

**3.** Die Zwiebel schälen, fein würfeln und zu der Sauce geben. Alles miteinander verrühren und über den geraspelten Sellerie gießen, mischen und mit der gehackten Petersilie bestreuen. Gut durchziehen lassen. Diesen Salat sollten Sie mit einer Eiweiß- oder Kohlenhydratmahlzeit ergänzen.

ca. 225 kcal/931 kJ

**(auf dem Foto: rechts)**

## SALATSAUCE

Zubereitungszeit: ca. 10 Min.

**Zutaten für 1–2 Portionen:**

| |
|---|
| 100 ml Sahnedickmilch |
| 100 ml Brottrunk, 1 TL Kräutersalz |
| 1 TL Apfeldicksaft |
| 1 kleine Zwiebel |
| 3 EL feingehackte Kräuter |

**Zubereitung:**

**1.** Die Sahnedickmilch mit dem Brottrunk kräftig verschlagen. Mit dem Kräutersalz würzen und mit dem Apfeldicksaft fein abschmecken.

**2.** Die Zwiebel fein würfeln und zusammen mit den gehackten Kräutern unter die Salatsauce mischen.

ca. 179 kcal/741 kJ

## WÜRZIGE SALATSAUCE

Zubereitungszeit: ca. 10 Min.

**Zutaten für 2 Portionen:**

| |
|---|
| 175 g Sahnedickmilch |
| 1½ EL vergorenes Molkekonzentrat (Molkosan) |
| 1–2 TL Kräutersalz |
| 1–2 TL Frutilose |
| 1 EL kaltgepreßtes Sonnenblumenöl |
| 1 Knoblauchzehe |
| 3 EL gehackte Kräuter (Petersilie, Dill, Schnittlauch) |

**Zubereitung:**

**1.** Die Sahnedickmilch mit Molkekonzentrat, Kräutersalz und Frutilose mit einem Schneebesen glattrühren.

**2.** Die Sauce mit 100 ml Wasser verdünnen und das Öl darunterschlagen.

**3.** Die Knoblauchzehe durch eine Presse dazudrücken und die gehackten Kräuter daruntermischen.

ca. 180 kcal/750 kJ

**(auf dem Foto: links)**

## KALTE TOMATENSAUCE

Zubereitungszeit: ca. 10 Min.

**Zutaten für 2 Portionen:**

| |
|---|
| 400 g Tomaten |
| 150 g Sahnedickmilch |
| 1 TL Kräutersalz |
| 1 Msp. Cayennepfeffer |
| 1 TL Frutilose |
| 3 EL gehackte Basilikumblättchen |

**Zubereitung:**

**1.** Die Tomaten waschen und die Stielansätze herausschneiden. Die Tomaten eventuell enthäuten, achteln, dann mit dem Schneidstab pürieren.

**2.** Die Sahnedickmilch mit einem Schneebesen glattrühren und mit dem Tomatenmus mischen.

**3.** Die Sauce mit Kräutersalz, Cayennepfeffer und Frutilose abschmecken. Mit dem Basilikum bestreuen.

ca. 140 kcal/585 kJ

**(auf dem Foto: rechts)**

Tip:

Diese Sauce paßt gut zu Gemüserohkost.

# EIER-KRÄUTER-SAUCE

Zubereitungszeit: ca. ¼ Std.

**Zutaten für 2 Portionen:**

| |
|---|
| 2 Eier |
| 125 g gemischte Kräuter (Sauerampfer, Petersilie, Kerbel, Kresse, Schnittlauch, Borretsch) |
| 150 g Sahnedickmilch |
| 150 g Naturjoghurt, 3,5% Fett |
| 1 TL Kräutersalz |

**Zubereitung:**

**1.** Die Eier hartkochen, abschrecken, pellen und in dünne Scheiben schneiden oder grob würfeln.

**2.** Die Kräuter waschen und trockenschütteln. Die Sahnedickmilch mit dem Joghurt verrühren und zusammen mit den Kräutern im Mixer pürieren.

**3.** Die Sauce mit Kräutersalz abschmecken und die Eier hineingeben.

ca. 300 kcal/1255 kJ

Tip:

Die Eier-Kräuter-Sauce eignet sich sehr gut als Dressing für Blatt-, Rohkost- und Gemüsesalate.

## BÉCHAMELSAUCE

Zubereitungszeit: ca. ½ Std.
Zeit zum Durchziehen: 25–30 Min.

**Zutaten für 2 Portionen:**

- 1 kleine Zwiebel
- 1 kleine Möhre
- 1 kleines Stück Knollensellerie
- 50 g süße Sahne
- 200 ml Wasser
- 1 Lorbeerblatt
- 1 Prise geriebene Muskatnuß
- ½ TL Vollmeersalz
- 2½ EL Butter
- 2½ EL feines Weizenvollkornmehl

**Zubereitung:**

**1.** Die Zwiebel, die Möhre und den Sellerie schälen, waschen und in Würfel schneiden.
**2.** Die süße Sahne mit dem Wasser mischen, das Lorbeerblatt, den Muskat und das Salz hinzufügen und die Flüssigkeit zum Sieden bringen. Danach vom Herd nehmen und zugedeckt 25 bis 30 Minuten durchziehen lassen.
**3.** Das Ganze anschließend durch ein Sieb in eine Schüssel gießen. Das Gemüse beiseite stellen, den Lorbeer entfernen.
**4.** Die Butter in einem Topf schmelzen, das Mehl darin hell anschwitzen lassen und unter Rühren das Gemüsewasser angießen.
**5.** Die Sauce langsam und unter ständigem Rühren zum Kochen bringen und so lange köcheln lassen (ca. 5 Minuten), bis sie gebunden ist. Nach Belieben die Gemüsewürfel in die Sauce geben.
pro Portion ca. 230 kcal/966 kJ

## VINAIGRETTE

Zubereitungszeit: ca. ¼ Std.

**Zutaten für 2 Portionen:**

- 2 EL kaltgepreßtes Sonnenblumenöl
- 1 TL Kräutersalz
- 2 TL vergorenes Molkekonzentrat (Molkosan)
- 1 große Zwiebel
- 4 EL gemischte, gehackte Kräuter (Petersilie, Schnittlauch, Dill, Minze, Sauerampfer, Estragon, Thymian, Majoran, Borretsch, Zitronenmelisse)
- 1 Knoblauchzehe

**Zubereitung:**

**1.** Öl, Kräutersalz und Molkekonzentrat zu einer Marinade verrühren. Die Mischung mit etwa 10 Eßlöffeln Wasser leicht verdünnen.
**2.** Die Zwiebel und die Knoblauchzehe schälen, in sehr feine Würfel schneiden und zusammen mit den Kräutern in die Marinade rühren.
ca. 110 kcal/460 kJ
**(auf dem Foto: Mitte)**

Tip:

Die Vinaigrette paßt zu allen Blattsalaten sowie zu Salaten aus gedünstetem Gemüse.

## KRÄUTERSAUCE

Zubereitungszeit: ca. 5 Min.

**Zutaten für 2 Portionen:**

- 200 g Buttermilch
- 150 g saure Sahne
- 100 g gemischte, gehackte Kräuter (Petersilie, Sauerampfer, Kerbel, Borretsch, Kresse, Schnittlauch)
- 1 TL Kräutersalz
- 2 TL vergorenes Molkekonzentrat (Molkosan)

**Zubereitung:**

**1.** Die Buttermilch mit der sauren Sahne verschlagen und die Kräuter hineinrühren.
**2.** Die Sauce mit Kräutersalz und dem Molkekonzentrat abschmecken.
ca. 140 kcal/590 kJ
**(auf dem Foto: unten)**

Tip:

Die Kräutersauce paßt gut zu frischen Pellkartoffeln.
Sie eignet sich aber auch als Dressing für Blattsalate, andere Rohkostsalate und für Gemüse.

## INDISCHE ZWIEBELSAUCE

Zubereitungszeit: ca. ½ Std.

**Zutaten für 1 Portion:**

| |
|---|
| 1 mittelgroße Zwiebel |
| 1 TL ungehärtetes Pflanzenfett |
| 400 g kleine Schalotten |
| 1 EL ungeschwefelte Rosinen |
| 2 EL Sahnedickmilch |
| ½ TL Curry, ½ TL Kräutersalz |

**Zubereitung:**

**1.** Die Zwiebel in kleine Würfel schneiden und in dem heißen Fett glasig dünsten. Mit ¼ l Wasser auffüllen, die geschälten ganzen Schalotten und die Rosinen hinzufügen.

**2.** Alles zusammen etwa 20 Minuten gar dünsten lassen. Mit der Sahnedickmilch leicht binden und mit dem Curry und dem Kräutersalz pikant abschmecken. Die Sauce leicht einkochen lassen.

Dazu paßt als Eiweißmahlzeit ein Putenschnitzel von etwa 150 g (174 kcal/720 kJ) oder als Kohlenhydratmahlzeit 200 g gekochter Naturreis.
ca. 290 kcal/1200 kJ
**(auf dem Foto: oben links)**

## PIKANTE KÄSESAUCE

Zubereitungszeit: ca. ¼ Std.

**Zutaten für 1 Portion:**

| |
|---|
| ½ TL vegetarische Gemüsebrühe (Trockenprodukt) |
| ¼ TL geriebene Muskatnuß |
| ½ TL Rosenpaprika |
| 60 g Käse, grob geraspelt |
| 2 EL Sahnedickmilch |
| 2–3 Dosierlöffel Nestargel |

**Zubereitung:**

**1.** ¼ l Wasser erhitzen und die vegetarische Gemüsebrühe, die Muskatnuß und das Paprikapulver hineinrühren.

**2.** Den Käse unter Rühren in der Brühe auflösen.

**3.** Die Sauce mit der Sahnedickmilch legieren und mit dem Nestargel andicken. Essen Sie dazu 400 g Blumenkohl.
ca. 246 kcal/1018 kJ
**(auf dem Foto: unten)**

## KNOBLAUCHSAUCE

Zubereitungszeit: ca. 5 Min.

**Zutaten für 1 Portion:**

| |
|---|
| 100 g Sahnedickmilch |
| 3 gepreßte Knoblauchzehen |
| ½ TL Kräutersalz |

**Zubereitung:**

Die Sahnedickmilch mit den gepreßten Knoblauchzehen verrühren und mit dem Kräutersalz abschmecken.
ca. 124 kcal/513 kJ
**(auf dem Foto: oben rechts)**

# TOMATENCREMESUPPE

Zubereitungszeit: ca. ½ Std.

**Zutaten für 1 Portion:**

| |
|---|
| 400 g Tomaten |
| 1 Knoblauchzehe |
| ⅛ l Wasser |
| ½ TL vegetarische Gemüsebrühe (Trockenprodukt) |
| ¼ TL Kräuter der Provence |
| ¼ TL Oregano |
| 2 EL Sahnedickmilch |
| 1–2 Dosierlöffel Nestargel |
| 1 EL feingehackte Petersilie |

**Zubereitung:**

**1.** Die Tomaten waschen, vierteln und zusammen mit der Knoblauchzehe und dem Wasser 10 bis 15 Minuten dünsten. Anschließend durch ein Sieb streichen.
**2.** Mit der vegetarischen Gemüsebrühe, Kräutern der Provence und dem Oregano würzen.
**3.** Die Sahnedickmilch mit dem Schneebesen unterrühren und mit dem Nestargel binden.
**4.** Zum Schluß die feingehackte Petersilie darüberstreuen und heiß servieren.
ca. 112 kcal/464 kJ
**(auf dem Foto: Mitte links)**

# BOUILLON MIT EIERWÖLKCHEN

Zubereitungszeit: ca. ¼ Std.

**Zutaten für 1 Portion:**

| |
|---|
| 200 ml Wasser |
| 1 TL vegetarische Gemüsebrühe (Trockenprodukt) |
| 1 kleines Ei |
| 1 TL feingehackte Petersilie |
| 1 TL Schnittlauch, geschnitten |

**Zubereitung:**

**1.** Das Wasser mit der vegetarischen Gemüsebrühe einmal aufkochen lassen.
**2.** In der Zwischenzeit das Ei mit den Kräutern verquirlen und unter ständigem Rühren langsam in die Brühe einlaufen lassen. Die Bouillon in einer Suppentasse servieren.
ca. 88 kcal/364 kJ
**(auf dem Foto: unten)**

# KNOBLAUCHSUPPE

Zubereitungszeit: ca. 20 Min.

**Zutaten für 1 Portion:**

| |
|---|
| 1 Zwiebel, 1 TL Butter |
| ¼ l Wasser |
| 2 zerdrückte Knoblauchzehen |
| ½ TL vegetarische Gemüsebrühe (Trockenprodukt) |
| 2 EL Sahnedickmilch |
| 1–2 Dosierlöffel Nestargel |
| 1 EL gehackte Petersilie |

**Zubereitung:**

**1.** Die Zwiebel fein hacken und in der Butter glasig dünsten. Mit dem Wasser auffüllen und Knoblauch zugeben.
**2.** Mit der vegetarischen Gemüsebrühe abschmecken und etwa 10 Minuten köcheln lassen.
**3.** Anschließend die Sahnedickmilch unterrühren, mit dem Nestargel binden und mit der gehackten Petersilie bestreut servieren.
ca. 105 kcal/435 kJ
**(auf dem Foto: oben)**

# FEINE BLUMENKOHLSUPPE

Zubereitungszeit: ca. ½ Std.

**Zutaten für 1 Portion:**

| |
|---|
| 200 g Blumenkohl |
| 300 ml Wasser |
| 1 geh. TL vegetarische Gemüsebrühe (Trockenprodukt) |
| ½ TL Paprika, edelsüß |
| 2 EL Sahnedickmilch |
| 1 EL feingehackte Petersilie |

**Zubereitung:**

**1.** Den Blumenkohl putzen, waschen und in kleine Röschen teilen.
**2.** Das Wasser mit der Gemüsebrühe mischen und das Gemüse 15 bis 18 Minuten darin garen. Anschließend im Mixer oder mit dem Pürierstab pürieren.
**3.** Mit dem Paprikapulver abschmecken und mit der Sahnedickmilch verfeinern.
**4.** Zum Schluß die feingehackte Petersilie darüberstreuen und anrichten.
ca. 94 kcal/389 kJ
**(auf dem Foto: Mitte rechts)**

## ZUCCHINISUPPE

Zubereitungszeit: ca. ½ Std.

**Zutaten für 1 Portion:**

| |
|---|
| 400 g Zucchini |
| 1 Zwiebel, 1 TL Butter |
| ½ l Wasser |
| 1 EL vegetarische Gemüsebrühe (Trockenprodukt) |
| 1 Knoblauchzehe |
| je 1 Msp. Muskatnuß und Curry |
| 50 ml süße Sahne, 10% Fett |

**Zubereitung:**

**1.** Die Zucchini fein raspeln.
**2.** Die Zwiebel schälen, würfeln und in der zerlassenen Butter glasig dünsten.
**3.** Die Zucchini dazugeben, mit Wasser auffüllen und mit der Brühe würzen. Bei leichter Hitze 10 bis 15 Minuten köcheln lassen.
**4.** Mit der gepreßten Knoblauchzehe und mit der süßen Sahne verfeinern.

ca. 199 kcal/842 kJ
**(auf dem Foto: links)**

## CHAMPIGNONCREME-SUPPE

Zubereitungszeit: ca. ½ Std.

**Zutaten für 1 Portion:**

| |
|---|
| 1 Schalotte, 1 TL Butter |
| 200 g Champignons |
| 1 TL vegetarische Gemüsebrühe (Trockenprodukt) |
| ½ gepreßte Knoblauchzehe |
| ¼ TL Thymian |
| 1 EL saure Sahne |
| 1–2 Dosierlöffel Nestargel |
| 1 EL feingehackte Petersilie |

**Zubereitung:**

**1.** Die Schalotte putzen, fein hacken und in der Butter leicht dünsten.
**2.** Die Champignons unter fließendem Wasser säubern und feinblättrig aufschneiden.
**3.** Zu den Schalotten geben, mit wenig Wasser auffüllen und mit der vegetarischen Gemüsebrühe würzen.
**4.** Nach Belieben mit dem Knoblauch und dem Thymian würzen. Bei geringer Hitze zugedeckt etwa 15 Minuten köcheln lassen.
**5.** Anschließend im Mixer oder mit dem Pürierstab pürieren, die saure Sahne unterrühren und mit Nestargel binden.
**6.** Mit der gehackten Petersilie bestreut servieren.

ca. 125 kcal/517 kJ
**(auf dem Foto: rechts)**

## BROKKOLI-CREMESUPPE

Zubereitungszeit: ca. 25 Min.

**Zutaten für 2 Portionen:**

| |
|---|
| 450 g Brokkoli |
| 3/4 l vegetarische Gemüsebrühe (hergestellt aus Instantpulver) |
| 50 g Sahne |

**Zubereitung:**

**1.** Die Brokkoli putzen, kurz waschen und dann in kleine Röschen zerteilen. Die Stiele abschneiden, schälen und in Stücke schneiden.

**2.** Das Gemüse in einen Topf geben und die Gemüsebrühe angießen. Alles bei nicht zu starker Hitze 15 bis 18 Minuten köcheln lassen.

**3.** Anschließend die Suppe mit dem Schneidstab fein pürieren und mit der Sahne verfeinern.

ca. 115 kcal/480 kJ

**(auf dem Foto: links)**

Variation:

Nach diesem Grundrezept können Sie auch andere Gemüsecremesuppen zubereiten, zum Beispiel aus Blumenkohl, Spargel, Möhren, Lauch oder Erbsen.

Aus der Cremesuppe wird eine sättigende Kohlenhydrathauptmahlzeit, wenn Sie ein Vollkornbrötchen dazu essen und anschließend als Dessert ein Stück Kuchen servieren.

## MÖHRENSUPPE

Zubereitungszeit: ca. 35 Min.

**Zutaten für 2 Portionen:**

| |
|---|
| 1 kleine Zwiebel |
| 250 g Möhren |
| 1 EL Butter |
| 1/2 l vegetarische Gemüsebrühe (hergestellt aus Instantpulver) |
| 2 EL gehackte Petersilie |

**Zubereitung:**

**1.** Die Zwiebel schälen und fein hacken. Die Möhren putzen, waschen, schälen und in dünne Scheiben schneiden.

**2.** Die Zwiebel in der Butter glasig dünsten. Die Möhrenscheiben dazugeben und mitdünsten.

**3.** Die Gemüsebrühe angießen und alles 15 bis 20 Minuten köcheln lassen. Die Suppe mit der Petersilie bestreuen.

ca. 90 kcal/375 kJ

**(auf dem Foto: rechts)**

## EXOTISCHER MANDELREIS

Quellzeit: über Nacht
Zubereitungszeit: ca. 40 Min.

**Zutaten für 1 Portion:**

| |
|---|
| 50 g Naturreis (roh gewogen) |
| 1/4 l Wasser |
| 2 EL ungeschwefelte Rosinen |
| 2 cl Doppelkorn |
| 1 TL vegetarische Gemüsebrühe (Trockenprodukt) |
| 1 Zwiebel |
| 1 TL Butter |
| 2 TL Mandelsplitter |
| je 1/2 TL gemahlene Gewürznelken, Kardamom und Kurkuma |
| 1 TL Zimt |
| 1 TL abgeriebene Schale einer unbehandelten Zitrone |

**Zubereitung:**
**1.** Den Reis waschen und in dem Wasser über Nacht quellen lassen. Die Rosinen waschen, mit dem Doppelkorn übergießen und ebenfalls über Nacht zugedeckt ziehen lassen.
**2.** Am nächsten Tag den Reis mit der Gemüsebrühe in dem Einweichwasser 20 bis 25 Minuten bei geringer Hitze garen.
**3.** Die Zwiebel schälen, fein hacken und in einer Pfanne mit der Butter glasig dünsten.
**4.** Anschließend die Mandelsplitter hinzufügen und kurz mitrösten. Die gemahlenen Nelken, den Kardamom, den Kurkuma und den Zimt darüberstreuen und kurz mitbraten.
**5.** Mit dem Rosinen-Doppelkorn-Gemisch löschen und unter Rühren den gekochten, gut abgetropften Reis und die abgeriebene Zitronenschale untermischen.
Dazu „Grüner Salat" (siehe Rezept Seite 71).
ca. 322 kcal/1333 kJ

## BÉCHAMEL-KARTOFFELN

Zubereitungszeit: ca. 1 Std.

**Zutaten für 1 Portion:**

| |
|---|
| 150 g Kartoffeln, 1 Zwiebel |
| 1 TL ungehärtetes Pflanzenfett |
| 200 g frische Champignons |
| 1 Stange Lauch (150 g) |
| 1 TL feines Weizenvollkornmehl |
| 80 ml Wasser |
| 1/4 TL gemahlener Rosmarin |
| 1/2 TL Liebstöckel |
| 1 TL vegetarische Gemüsebrühe (Trockenprodukt) |
| 1/4 TL geriebene Muskatnuß |
| 2 EL süße Sahne, 30% Fett |
| 1 EL gehackte Petersilie |

**Zubereitung:**
**1.** Die Kartoffeln waschen und mit der Schale in kochendem Wasser garen.
**2.** In der Zwischenzeit die Zwiebel in sehr feine Würfel schneiden und in dem Fett anbraten.
**3.** Die Champignons und den Lauch putzen, in Scheiben schneiden und ebenfalls kurz mitdünsten.
**4.** Mit dem Vollkornmehl bestäuben und mit dem Wasser löschen. Zugedeckt etwa 10 Minuten köcheln lassen.
**5.** Die Kartoffeln pellen und in gleichmäßig dicke Scheiben schneiden. Zu den Champignons und dem Lauch geben und bei kleiner Flamme nochmals 5 Minuten erwärmen.
**6.** Mit den Gewürzen abschmecken.
**7.** Mit der Sahne verfeinern und mit Petersilie bestreuen.
ca. 493 kcal/2041 kJ

## KARTOFFELPÜREE

Zubereitungszeit: ca. 3/4 Std.

**Zutaten für 1 Portion:**

| |
|---|
| 200 g Kartoffeln |
| 200 ml Wasser |
| 1/2 TL vegetarische Gemüsebrühe (Trockenprodukt) |
| 1 EL Sahnedickmilch |
| 1 TL Sesam |

**Zubereitung:**
**1.** Die Kartoffeln schälen und in kleine Würfel schneiden. Wasser zugeben und zugedeckt weich kochen.
**2.** Die Kartoffeln im eigenen Kochwasser stampfen, mit der vegetarischen Gemüsebrühe würzen und mit der Sahnedickmilch verfeinern.
**3.** Den Sesam trocken rösten und darüberstreuen.
Essen Sie dazu „Blumenkohlsalat" (siehe Rezept Seite 69).
ca. 198 kcal/820 kJ

## SALAT „PEKING“

Quellzeit: über Nacht
Zubereitungszeit: ca. 35 Min.

### Zutaten für 2 Portionen:

**Für den Salat:**

- 100 g Naturreis
- 200 g junge Spinatblätter
- 4 Frühlingszwiebeln
- 150 g Champignons
- 8 Kirschtomaten

**Für die Sauce:**

- 1½ EL kaltgepreßtes Sonnenblumenöl
- 1 TL Kräutersalz
- 2 TL vergorenes Molkekonzentrat (Molkosan)

**Außerdem:**

- 150 g frische Sprossen (Mungo- oder Sojabohnensprossen)

**Zubereitung:**

**1.** Den Reis mit 350 ml Wasser bedecken und über Nacht quellen lassen.
**2.** Am nächsten Tag den Reis in dem Wasser etwa 25 Minuten bei geringer Hitze garen. Ihn dann in ein Sieb geben, mit kaltem Wasser abspülen.
**3.** Den Spinat waschen, putzen und in mundgerechte Stücke zupfen. Die Frühlingszwiebeln waschen, putzen und in sehr feine Ringe schneiden. Die Champignons putzen, kurz waschen und in feine Scheiben schneiden. Die Tomaten waschen und halbieren.
**4.** Die vorbereiteten Salatzutaten mit dem Reis mischen.
**5.** Für die Sauce Öl, Kräutersalz, Molkekonzentrat und 80 ml Wasser zu einer Marinade verrühren. Diese unter den Salat heben und die gewaschenen Sprossen darauf geben.
ca. 330 kcal/1380 kJ

Variation:

Statt Spinatblättern können Sie auch feine Möhrenstifte, Erbsen oder Paprikawürfel nehmen.

## KARTOFFELSALAT „ALTE ART“

Zubereitungszeit: ca. 50 Min.

**Zutaten für 1 Portion:**

- 200 g Kartoffeln
- ½ TL vegetarische Gemüsebrühe (Trockenprodukt)
- 80 ml heißes Wasser
- 1 TL Sonnenblumenöl
- 2 EL Brottrunk
- 1 Zwiebel
- 1 EL feingehackte Kräuter (Schnittlauch, Petersilie, Estragon, Kerbel)

**Zubereitung:**

**1.** Die Kartoffeln waschen, in der Schale garen, abgießen und leicht auskühlen lassen. Anschließend pellen und in feine Scheiben schneiden.
**2.** Die vegetarische Gemüsebrühe in dem heißen Wasser auflösen. Die Brühe mit dem Öl und dem Brottrunk verrühren und lauwarm über die Kartoffeln gießen.
**3.** Die Zwiebel schälen, fein würfeln und ebenfalls hinzufügen. Den Kartoffelsalat mischen und auskühlen lassen.
**4.** Vor dem Anrichten nochmals durchmischen und mit den fein gehackten Kräutern bestreut servieren.
Essen Sie dazu nach Belieben einen „Grünkernbratling“ (siehe Rezept Seite 110).
ca. 197 kcal/815 kJ

## BUNTER KARTOFFELSALAT

Zubereitungszeit: ca. 50 Min.

**Zutaten für 1 Portion:**

- 200 g Kartoffeln
- 1 Bund Suppengrün (Lauch, Möhren, Sellerie)
- 1 EL frische oder Tiefkühlerbsen
- ¼ l Wasser, 2 Tomaten
- ⅓ Salatgurke (100 g)

**Für die Sauce:**

- 3 EL Brottrunk
- 1 TL Sonnenblumenöl
- 1 TL Kräutersalz
- 2 EL frische gehackte Kräuter (Sauerampfer, Liebstöckel, Dill, Schnittlauch)
- 30 g Rinderschinken

**Zubereitung:**

**1.** Die Kartoffeln mit der Schale kochen, pellen und auskühlen lassen. Anschließend in Würfel schneiden.
**2.** Das Suppengrün zerkleinern, die Erbsen verlesen und zusammen in wenig Wasser gar dünsten.
**3.** Währenddessen die Tomaten waschen, vom Stielansatz befreien und in kleine Stücke teilen. Die Salatgurke schälen und grob würfeln. Alles miteinander mischen.
**4.** Aus dem Brottrunk, dem Sonnenblumenöl, dem Kräutersalz und den frischen gehackten Kräutern eine Sauce rühren und unter den Kartoffelsalat geben.
**5.** Kurz vor dem Servieren den Rinderschinken in kleine Würfel schneiden und über den Salat streuen.
ca. 427 kcal/1768 kJ

## BANANEN-ZWIEBEL-SALAT MIT ROSINENBRÖTCHEN

Zubereitungszeit: ca. 20 Min.

**Zutaten für 1 Portion:**

- 100 g milde rote Zwiebeln
- 150 g Fleischtomaten
- 1 mittelgroße Banane

**Für die Sauce:**

- 3 EL Brottrunk
- 1 TL Sonnenblumenöl
- ½ TL Kräutersalz
- 1 Msp. Kardamom
- 1 EL ungeschwefelte Rosinen
- 1 Rosinenbrötchen, aus Vollkornmehl
- 1 EL Butter

**Zubereitung:**

**1.** Die Zwiebeln schälen und in feine Ringe schneiden. Die Tomaten waschen, vom grünen Stengelansatz befreien und achteln.
**2.** Anschließend die Banane schälen und in 1 cm breite Scheiben schneiden.
**3.** Aus dem Brottrunk, dem Sonnenblumenöl, dem Kräutersalz und dem Kardamom eine Sauce rühren.
**4.** Die Rosinen hinzufügen, mit den Zwiebeln, Tomaten und Bananen mischen und den Salat etwas ziehen lassen.
**5.** Das Rosinenbrötchen aufschneiden, mit der Butter bestreichen und zum Salat verzehren.
ca. 401 kcal/1660 kJ

# SELLERIESALAT MIT QUARKKROKETTEN

Zubereitungszeit: ca. 1 Std.

**Zutaten für 1 Portion:**

**Für den Salat:**

| |
|---|
| 1 Sellerieknolle (400 g) |
| 50 ml Brottrunk |
| 2 EL Sahnedickmilch |
| je 1 TL Sonnenblumenöl, Apfeldicksaft und Kräutersalz |
| 1 Zwiebel |
| 2 EL feingehackte Petersilie |

**Für die Quarkkroketten:**

| |
|---|
| 50 g Magerquark |
| 1 Eigelb |
| 1 TL Kräutersalz, ½ TL Curry |
| 1 Msp. geriebene Muskatnuß |
| ½ TL abgeriebene Schale einer unbehandelten Zitrone |
| 2 EL Weizenvollkornmehl |
| 1 Bund glatte Petersilie |
| 100 g Sellerieraspel |
| 2 TL Vollkornsemmelbrösel |
| 2 TL ungehärtetes Pflanzenfett |

**Zubereitung:**

**1.** Die Sellerieknolle waschen und in reichlich kochendem Wasser 20 bis 25 Minuten garen. Nach dem Abspülen schälen, grob raspeln und 100 g für die Kroketten beiseite legen.

**2.** Aus dem Brottrunk, der Sahnedickmilch, dem Sonnenblumenöl, dem Apfeldicksaft und dem Kräutersalz eine pikante Sauce rühren.

**3.** Die Zwiebel schälen, fein würfeln und zu der Sauce geben. Alles miteinander verrühren und über den geraspelten Sellerie gießen, mischen und mit der gehackten Petersilie bestreuen. Gut durchziehen lassen.

**4.** Den Quark gut abtropfen lassen und mit dem Eigelb verrühren. Mit dem Kräutersalz, dem Curry, der Muskatnuß und der Zitronenschale würzen. Anschließend das Vollkornmehl mit unterrühren.

**5.** Die Petersilie waschen, fein hacken und zusammen mit den restlichen Sellerieraspeln unter den Teig mengen.

**6.** Aus der Masse zwei Kroketten formen und in den Semmelbröseln wälzen.

**7.** Das Fett in einer beschichteten Pfanne zerlassen und die Kroketten zugedeckt bei milder Hitze goldbraun braten. Zwischendurch wenden.

Der Salat liefert etwa 225 kcal/931 kJ

Die Quarkkroketten liefern etwa 340 kcal/1407 kJ

## KARTOFFEL-SELLERIE-SALAT

Zubereitungszeit: ca. 50 Min.

**Zutaten für 2 Portionen:**

| |
|---|
| 1 Sellerieknolle (ca. 400 g) |
| 500 g gekochte Pellkartoffeln |
| 100 g Sahnedickmilch |
| 1 EL kaltgepreßtes Sonnenblumenöl |
| 1 EL vergorenes Molkekonzentrat (Molkosan) |
| 1 TL Kräutersalz |
| 1 TL Frutilose |
| 1 Zwiebel |
| 2 EL Schnittlauchröllchen |

**Zubereitung:**

**1.** Die Sellerieknollen gut waschen und in reichlich Wasser 20 bis 25 Minuten garen. Nach dem Abkühlen schälen und in recht kleine Scheiben schneiden.

**2.** Die Pellkartoffeln schälen und ebenfalls in Scheiben schneiden. Mit dem Sellerie mischen.

**3.** Für die Sauce die Sahnedickmilch mit Sonnenblumenöl, 4 Eßlöffeln Wasser, Molkekonzentrat, Kräutersalz und Frutilose gut verrühren. Die Zwiebel schälen, fein würfeln und dazugeben.

**4.** Anschließend die Sauce über den Salat gießen, ihn kräftig mischen und mit den Schnittlauchröllchen bestreuen.

ca. 315 kcal/1320 kJ

**(auf dem Foto: oben)**

## WÜRZIGER KARTOFFELSALAT

Zubereitungszeit: ca. ½ Std.

**Zutaten für 2 Portionen:**

| |
|---|
| 500 g gekochte Pellkartoffeln |
| 125 g Feldsalat |
| 1 Zwiebel |
| 1 TL kaltgepreßtes Sonnenblumenöl |
| 50 g geräucherter Tofu |
| 180 ml vegetarische Gemüsebrühe (hergestellt aus Instantpulver) |
| 2 TL vergorenes Molkekonzentrat (Molkosan) |
| 2 EL Schnittlauchröllchen |

**Zubereitung:**

**1.** Die Pellkartoffeln schälen und in Scheiben schneiden.

**2.** Den Feldsalat putzen, gut waschen und dann abtropfen lassen.

**3.** Die Zwiebel schälen, fein würfeln und zusammen mit dem Feldsalat zu den Kartoffeln geben.

**4.** Den Tofu in Würfel schneiden. Das Öl in einer Pfanne nicht zu stark erhitzen und den Tofu darin goldgelb braten. Dann herausnehmen und beiseite stellen.

**5.** Die Gemüsebrühe in die Pfanne geben und lauwarm über den Kartoffelsalat gießen. Ihn gut mischen und mit dem Molkosan leicht säuerlich abschmecken.

**6.** Die Tofuwürfel und die Schnittlauchröllchen über den Salat streuen.

ca. 210 kcal/880 kJ

**(auf dem Foto: Mitte)**

## TOASTBRÖTCHEN „HEIDI"

Zubereitungszeit: ca. 20 Min.

**Zutaten für 2 Portionen:**

| |
|---|
| 2 Zwiebeln |
| 8 Champignons |
| 1 EL Butter |
| 1 TL Kräutersalz |
| 2 Vollkornbrötchen |
| 100 g Schafskäse |

**Zubereitung:**

**1.** Die Zwiebeln schälen und fein würfeln. Die Champignons putzen, kurz waschen und in dünne Scheiben schneiden.

**2.** Die Butter in einer Pfanne erhitzen und Zwiebeln sowie Champignons darin dünsten, bis alle Flüssigkeit verkocht ist. Das Gemüse mit Kräutersalz würzen.

**3.** In der Zwischenzeit die Brötchen quer halbieren und die Hälften goldgelb toasten.

**4.** Die Zwiebel-Pilz-Mischung auf die Brötchenhälften geben und den zerbröselten Schafskäse darüberstreuen.

ca. 340 kcal/1420 kJ

**(auf dem Foto: unten)**

Tip:

Essen Sie dazu einen neutralen Salat (siehe Seite 64 und 69 bis 73).

## NUDELSALAT

Zubereitungszeit: ca. 1 Std.

**Zutaten für 1 Portion:**

| |
|---|
| 50 g Vollkornnudeln |
| 125 g Möhren, 2 EL grüne Erbsen |
| 1 Stange Staudensellerie |
| 30 g Rindersalami |
| 1/3 Salatgurke (100 g) |
| 1–2 Tomaten |
| 100 g frische Champignons |

**Für die Sauce:**

| |
|---|
| 2 EL Sahnedickmilch |
| 3 EL Brottrunk |
| 1/2 gepreßte Knoblauchzehe |
| 1/2 TL Kräutersalz |
| 1 EL Schnittlauch, fein geschnitten |

**Zubereitung:**

**1.** Die Nudeln in reichlich leicht gesalzenem Wasser 12 bis 15 Minuten bißfest garen.
**2.** Die Möhren schälen, in kleine Würfel schneiden und zusammen mit den Erbsen in wenig Wasser gar dünsten. Dann auskühlen lassen.
**3.** In der Zwischenzeit den Staudensellerie und die Salami sehr fein schneiden und zu den Erbsen und Möhren geben.
**4.** Die Gurke schälen, längs vierteln und in 1 bis 2 cm breite Stücke schneiden.
**5.** Die Tomaten waschen, vom Stengelansatz befreien und achteln. Die Champignons putzen, waschen und etwas zerkleinern.
**6.** Die Nudeln abgießen, kalt abspülen und mit den Möhren, den Erbsen, dem Staudensellerie, den Gurkenstückchen, den Tomaten und den Champignons mischen.
**7.** Für die Salatsauce die Sahnedickmilch mit dem Brottrunk und der gepreßten Knoblauchzehe verrühren.
**8.** Mit dem Kräutersalz würzen und über den Nudelsalat gießen. Kräftig miteinander mischen und mit den Schnittlauchröllchen bestreuen.

ca. 370 kcal/1555 kJ

**(auf dem Foto: links)**

## KOHLRABI-KARTOFFEL-SUPPE

Zubereitungszeit: ca. 3/4 Std.

**Zutaten für 1 Portion:**

| |
|---|
| 2–3 Kohlrabiknollen (400 g) |
| 1–2 Kartoffeln (150 g) |
| 1/2 l Wasser |
| 1 EL vegetarische Gemüsebrühe (Trockenprodukt) |
| 1 Eigelb |
| 1 EL süße Sahne, 30% Fett |
| 2 EL gehackte Petersilie |

**Zubereitung:**

**1.** Die Kohlrabi und die Kartoffeln schälen, würfeln, mit Wasser auffüllen und mit der Brühe würzen. Etwa 20 Minuten weich kochen.
**2.** Das Gemüse mit einem Pürierstab oder im Mixer pürieren. Anschließend mit dem Eigelb und der Sahne verfeinern.
**3.** Mit der gehackten Petersilie bestreuen und servieren.

ca. 313 kcal/1296 kJ

**(auf dem Foto: rechts)**

## FRANZÖSISCHE KARTOFFELSUPPE

Zubereitungszeit: ca. 1 Std.

**Zutaten für 1 Portion:**

| |
|---|
| 250 g Kartoffeln |
| 150 g Möhren |
| 1 Zwiebel |
| 150 g Zucchini |
| 100 g frische Champignons |
| 3/8 l Wasser |
| 1 TL vegetarische Gemüsebrühe (Trockenprodukt) |
| 1 Lorbeerblatt |
| 1 Knoblauchzehe |
| 1/4 TL Oregano |
| 1/4 TL Kräuter der Provence |
| 1 Msp. geriebene Muskatnuß |
| 1 Prise Cayennepfeffer |
| 2 EL süße Sahne, 30% Fett |
| 2 EL Schnittlauch, fein geschnitten |

**Zubereitung:**

**1.** Die Kartoffeln und die Möhren waschen, schälen und in Würfel schneiden. Die Zwiebel fein hacken. Die Zucchini und die Champignons putzen, waschen und in Scheiben schneiden.

**2.** Alles in einen Topf geben, mit Wasser auffüllen und mit der vegetarischen Gemüsebrühe würzen.

**3.** Mit dem Lorbeerblatt, dem Knoblauch, dem Oregano, den Kräutern der Provence, der Muskatnuß und dem Cayennepfeffer leicht würzen und 15 bis 20 Minuten garen.

**4.** Anschließend die Suppe im Mixer pürieren, mit der Sahne legieren und mit den Schnittlauchröllchen bestreuen.

ca. 332 kcal/1374 kJ

**(auf dem Foto: links)**

## EINFACHE GRÜNKERNSUPPE

Zubereitungszeit: ca. 1/2 Std.

**Zutaten für 1 Portion:**

| |
|---|
| 1/2 l Wasser |
| 1 TL vegetarische Gemüsebrühe (Trockenprodukt) |
| 25 g Grünkern, fein geschrotet |
| 1 Eigelb |
| 2 EL Sahnejoghurt |
| 1 EL feingehackte Kräuter |

**Zubereitung:**

**1.** Das Wasser mit der Gemüsebrühe zum Kochen bringen.

**2.** Mit dem Schneebesen das feine Grünkernschrot einrühren, aufkochen und etwa 15 Minuten auf der ausgeschalteten Platte quellen lassen. Gelegentlich umrühren.

**3.** Das Eigelb mit dem Sahnejoghurt verquirlen und in die Suppe rühren. Mit den gehackten Kräutern bestreut servieren.

ca. 199 kcal/824 kJ

**(auf dem Foto: rechts)**

## GRÜNKERNSUPPE MIT GEMÜSE

Zubereitungszeit: ca. ¾ Std.

**Zutaten für 1 Portion:**

| |
|---|
| 150 g Möhren |
| 150 g Lauch |
| 100 g Sellerie |
| 1 Zwiebel |
| 1 TL Butter |
| 50 g Grünkernschrot |
| ½ l Wasser |
| 1 EL vegetarische Gemüsebrühe (Trockenprodukt) |
| 1 Msp. geriebene Muskatnuß |
| 1 EL süße Sahne, 30% Fett |
| 1 EL gehackte Petersilie |

**Zubereitung:**

**1.** Die Möhren, den Lauch und den Sellerie putzen, waschen und in kleine gleichmäßige Würfel schneiden.
**2.** Die Zwiebel schälen, kleinhacken und in der Butter glasig dünsten. Mit dem Grünkernschrot bestäuben, kurz mitrösten lassen, mit Wasser auffüllen und mit der vegetarischen Gemüsebrühe würzen.
**3.** Das geputzte Gemüse hinzufügen und zugedeckt 20 bis 25 Minuten garen.
**4.** Mit der abgeriebenen Muskatnuß würzen und mit der Sahne verfeinern. Zum Schluß die gehackte Petersilie darüberstreuen.

ca. 431 kcal/1784 kJ

**(auf dem Foto: oben)**

## PIKANTE NUDELSUPPE

Zubereitungszeit: ca. 40 Min.

**Zutaten für 1 Portion:**

| |
|---|
| 50 g Vollkornnudeln (roh gewogen) |
| 300 ml Wasser |
| ½ TL Meersalz |
| je 150 g Möhren und Lauch |
| 100 g Sellerie |
| 1 TL Butter |
| 400 ml Wasser |
| 1 EL vegetarische Gemüsebrühe (Trockenprodukt) |
| 1 Msp. Cayennepfeffer |
| 2 EL saure Sahne |
| 1 EL milder Blauschimmelkäse |
| 2 EL feingehackte Kräuter (Kerbel, Selleriegrün) |

**Zubereitung:**

**1.** Die Vollkornnudeln in dem leicht gesalzenen Wasser 12 bis 15 Minuten bißfest garen.
**2.** In der Zwischenzeit das Gemüse waschen und putzen. Die Möhren in dünne Scheiben, den Lauch in Ringe schneiden und den Sellerie fein stifteln.
**3.** Die Butter in einem Topf schmelzen und das Gemüse zart andünsten. Mit Wasser auffüllen und mit der vegetarischen Gemüsebrühe würzen. Bei schwacher Hitze 15 bis 20 Minuten garen.
**4.** Die gegarten Nudeln hinzufügen und nach Belieben mit dem Cayennepfeffer würzen. Danach die saure Sahne unterrühren.
**5.** Die Suppe anrichten, den Käse zerkrümeln und mit den Kräutern darüberstreuen.

ca. 452 kcal/1871 kJ

**(auf dem Foto: Mitte)**

## KAROTTEN-LAUCH-SUPPE

Quellzeit: über Nacht
Zubereitungszeit: ca. 50 Minuten

**Zutaten für 1 Portion:**

| |
|---|
| 50 g Naturreis (roh gewogen) |
| 250 g Karotten |
| 1 Stange Lauch |
| 1 Zwiebel |
| 1 TL Butter |
| ½ l Wasser |
| 1 EL vegetarische Gemüsebrühe (Trockenprodukt) |
| 1 EL Sahnedickmilch |
| 1 EL feingehackte Petersilie |

**Zubereitung:**

**1.** Den Reis über Nacht einweichen und am nächsten Tag bei milder Hitze 20 bis 25 Minuten ausquellen lassen.
**2.** Währenddessen die Karotten und den Lauch putzen, waschen und in Scheiben schneiden.
**3.** Die Zwiebel fein hacken und in der zerlassenen Butter glasig dünsten.
**4.** Die Karotten und den Lauch hinzufügen, mit Wasser auffüllen und mit der vegetarischen Gemüsebrühe würzen. Etwa 20 Minuten auf kleiner Flamme köcheln lassen.
**5.** Anschließend die Suppe pürieren und mit der Sahnedickmilch verrühren. Den fertig gegarten Reis in einen Teller geben und mit der Suppe auffüllen. Mit der gehackten Petersilie bestreuen.

ca. 456 kcal/1888 kJ

**(auf dem Foto: unten)**

## LAUCHSUPPE

Zubereitungszeit: ca. 1 Std.

**Zutaten für 1 Portion:**

- 400 g Lauch
- 200 g Kartoffeln
- 1 Zwiebel
- 1 TL ungehärtetes Pflanzenfett
- ½ l Wasser
- 1 TL vegetarische Gemüsebrühe (Trockenprodukt)
- 1 Lorbeerblatt
- 60 g saure Sahne
- 1 Eigelb
- 1 Msp. geriebene Muskatnuß
- 2 EL gehackte Kräuter (Petersilie, Tymian)

**Zubereitung:**

**1.** Den Lauch putzen, waschen und die Stangen der Länge nach halbieren und in feine Scheiben schneiden.
**2.** Anschließend die Kartoffeln waschen, schälen und in kleine Würfel schneiden.
**3.** Die Zwiebel schälen, würfeln, in dem Fett glasig dünsten, mit Wasser auffüllen und mit der Gemüsebrühe würzen.
**4.** Den Lauch, die Kartoffeln und das Lorbeerblatt hinzufügen und bei milder Hitze zugedeckt 20 bis 25 Minuten garen.
**5.** Die saure Sahne mit dem Eigelb verquirlen und unter die Suppe rühren. Mit der frisch geriebenen Muskatnuß abschmecken, das Lorbeerblatt entfernen und mit den gehackten Kräutern bestreut servieren.
ca. 491 kcal/2032 kJ

## CHAMPIGNON-REIS-SUPPE

Quellzeit: über Nacht
Zubereitungszeit: ca. ½ Std.

**Zutaten für 1 Portion:**

- 50 g Naturreis (roh gewogen)
- 2 rote Paprikaschoten
- 1 Stange Lauch (125 g)
- 100 g Champignons
- 1 Zwiebel, 1 TL Pflanzenfett
- 1 gepreßte Knoblauchzehe
- 400 ml Wasser
- 1 TL vegetarische Gemüsebrühe (Trockenprodukt)
- je ½ TL Majoran, Paprika, Curry
- 1 TL frischer Basilikum
- 1 Eigelb
- 2 EL süße Sahne, 30% Fett

**Zubereitung:**

**1.** Den Reis waschen, über Nacht einweichen und am nächsten Tag bei geringer Hitze in dem Einweichwasser 25 Minuten ausquellen.
**2.** In der Zwischenzeit die Paprikaschoten putzen und in feine Streifen schneiden.
**3.** Den Lauch und die Champignons putzen und zerkleinern. Die Zwiebel schälen, fein würfeln und in dem heißen Fett glasig dünsten.
**4.** Den Knoblauch und das Gemüse hinzufügen, mit Wasser auffüllen und mit Brühe würzen. Im geschlossenen Topf 15 Minuten garen.
**5.** Anschließend den fertigen, abgetropften Reis zur Suppe geben und mit den Gewürzen und Kräutern abschmecken.
**6.** Das Eigelb mit der Sahne verschlagen und unter die Suppe rühren.
ca. 488 kcal/2020 kJ

## PARTYBRÖTCHEN

Zeit zum Gehen: ca. ¾ Std.
Zubereitungszeit: ca. ¾ Std.

**Zutaten für 19 Brötchen:**

- 30 g Hefe
- 300 ml handwarmes Wasser
- 600 g Weizenvollkornmehl
- 2 TL Meersalz
- 30 g Sonnenblumenkerne
- 2 TL Kümmel
- 1 Eigelb
- 2 EL Wasser
- je 2 TL Kümmel, Sesam, Mohn

**Zubereitung:**

**1.** Die Hefe in dem Wasser auflösen. Das Vollkornmehl hinzufügen und gründlich zu einem geschmeidigen Teig verarbeiten.
**2.** Danach zugedeckt an einem warmen Ort etwa 30 Minuten gehen lassen.
**3.** Anschließend den Teig kurz zusammenkneten und mit dem Meersalz, den Sonnenblumenkernen und dem Kümmel würzen.
**4.** Den Teig in 19 gleich große Portionen aufteilen und zu runden Brötchen formen. Auf einem mit Backpapier ausgelegten Blech in Form einer Rosette kreisförmig nebeneinander setzen, dabei kleine Zwischenräume einhalten.
**5.** Das Eigelb mit dem Wasser verquirlen, die Brötchen damit bestreichen und die Gewürzkörner abwechselnd darüberstreuen. Nochmals 15 Minuten gehen lassen.
**6.** Danach im vorgeheizten Backofen bei 200 °C etwa 20 Minuten backen.
pro Stück ca. 129 kcal/537 kJ

## GEBUNDENE GEMÜSESUPPE

Zubereitungszeit: ca. 1 Std.

**Zutaten für 1 Portion:**

| |
|---|
| 1–2 Möhren (100 g) |
| 1 kleine Stange Lauch (50 g) |
| 1 Kohlrabi (100 g) |
| 1 Stück Sellerie (50 g) |
| 100 g Blumenkohl, 1 TL Butter |
| 600 ml Wasser |
| 1 ½ EL vegetarische Gemüsebrühe (Trockenprodukt) |
| ½ TL Majoran |
| ½ TL geriebene Muskatnuß |
| ½ TL Kräuter der Provence |
| 1 Gewürznelke, 1 Lorbeerblatt |
| 1 geh. EL Weizen, feingeschrotet |
| 2 EL süße Sahne, 30% Fett |
| 2 EL gehackte Kräuter |

**Zubereitung:**

**1.** Das Gemüse waschen und putzen. Die Möhren und den Lauch in Scheiben schneiden.
**2.** Den Kohlrabi stifteln, den Sellerie würfeln und den Blumenkohl in kleine Röschen teilen.
**3.** Die Butter in einem Topf schmelzen lassen und die Möhren darin leicht andünsten. Das übrige Gemüse hinzufügen, mit Wasser auffüllen und mit der vegetarischen Gemüsebrühe würzen.
**4.** Mit dem Majoran, der Muskatnuß, den Kräutern der Provence, der Nelke und dem Lorbeerblatt würzen. Zugedeckt 20 bis 25 Minuten bei geringer Hitze garen.
**5.** Von der fertigen Suppe etwas Brühe in einen Schüttelbecher geben und das geschrotete Vollkornmehl und die Sahne dazugeben. Kurz durchmixen und die Suppe damit binden.
**6.** Nochmals kurz aufkochen lassen und vor dem Servieren das Lorbeerblatt und die Nelke entfernen.
**7.** Mit den gehackten Kräutern bestreuen. Dazu paßt eine Scheibe Vollkornbrot mit Butter und Schnittlauch.
ca. 280 kcal/1159 kJ

## SPAGHETTI MIT ZUCCHINISAUCE

Zubereitungszeit: ca. 20 Min.

**Zutaten für 2 Portionen:**

| |
|---|
| 140 g Vollkornspaghetti |
| Meersalz |
| 600 g Zucchini |
| 2 EL Butter |
| 1–2 Knoblauchzehen |
| 1–2 TL vegetarische Gemüsebrühe (Instantpulver) |
| 80 g Gorgonzola oder ein anderer Käse mit 60% Fett i. Tr. |
| 4 EL saure Sahne |
| 4 EL gehacktes Basilikum |

**Zubereitung:**

**1.** Die Spaghetti in reichlich Salzwasser in etwa 10 Minuten bißfest garen.
**2.** Inzwischen die Zucchini waschen, putzen und in dünne Scheiben hobeln.
**3.** Die Butter in einer Pfanne zerlassen und die Zucchinischeiben darin andünsten. Die geschälten Knoblauchzehen durch eine Presse dazudrücken und alles mit der vegetarischen Gemüsebrühe würzen. Alles zugedeckt etwa 10 Minuten dünsten.
**4.** Den Käse in kleine Würfel schneiden, in dem Gemüse schmelzen lassen.
**5.** Kurz vor dem Anrichten die saure Sahne unter die Sauce rühren. Alles mit dem Schneidstab pürieren.
**6.** Die Nudeln abgießen, kurz mit warmem Wasser abbrausen und zusammen mit der Gemüsesauce anrichten. Mit den Kräutern bestreuen.
ca. 550 kcal/2300 kJ
**(auf dem Foto: oben)**

## SPAGHETTI MIT KNOBLAUCHSAUCE

Zubereitungszeit: ca. 20 Min.

**Zutaten für 2 Portionen:**

| |
|---|
| 160 g Vollkornspaghetti |
| Meersalz |
| 1–2 Knoblauchzehen |
| 3 EL kaltgepreßtes Olivenöl |
| ½ TL Kräutersalz |
| 1 Msp. Cayennepfeffer |
| 2 EL gehackte Majoranblättchen |

**Zubereitung:**

**1.** Die Spaghetti in reichlich leicht gesalzenem Wasser in etwa 10 Minuten bißfest garen.
**2.** In der Zwischenzeit den Knoblauch schälen, durch eine Presse in das Öl drücken und die Sauce mit Kräutersalz und Cayennepfeffer abschmecken.
**3.** Die Nudeln abgießen, kurz mit recht warmem Wasser abbrausen und mit der Knoblauchsauce mischen. Den Majoran darüberstreuen.
ca. 420 kcal/1760 kJ
**(auf dem Foto: Mitte)**

Tip:

Dazu paßt ein neutraler Tomatensalat. Soll es schnell gehen, können Sie auch in Scheiben geschnittene Tomaten dazu essen.

## NUDELN MIT PILZ-SAHNE-SAUCE

Zubereitungszeit: ca. ¾ Std.

**Zutaten für 2 Portionen:**

| |
|---|
| 350 g Champignons, Pfifferlinge oder andere Pilze |
| 1 Zwiebel |
| 1½ EL Butter |
| ¼ l vegetarische Gemüsebrühe (hergestellt aus Instantpulver) |
| 4 EL Sahne |
| 3 EL gehackte Petersilie |
| 120 g Vollkornnudeln |
| Meersalz |

**Zubereitung:**

**1.** Die Pilze putzen, wenn nötig, waschen und zerkleinern. Die Zwiebel schälen und fein würfeln.
**2.** Die Butter in einer Pfanne schmelzen lassen und die Zwiebelwürfel darin glasig dünsten. Die Pilze hinzufügen und bei mittlerer Hitze mit anbraten.
**3.** Die Gemüsebrühe dazugießen und das Ganze in der geschlossenen Pfanne 20 bis 25 Minuten köcheln lassen.
**4.** Zwischenzeitlich die Nudeln in leicht gesalzenem Wasser in etwa 10 Minuten bißfest garen. Dann abgießen.
**5.** Die Pilzsauce mit der Sahne und der Petersilie verfeinern und zusammen mit den Nudeln servieren.
ca. 400 kcal/1675 kJ
**(auf dem Foto: unten)**

Tip:

Essen Sie dazu einen neutralen Salat (siehe Seite 64 und 69 bis 73).

## KRAUT-PFANNKUCHEN

Zubereitungszeit: ca. 50 Min.

### Zutaten für 1 Portion:

| |
|---|
| 1 kleiner Kopf Weißkraut (400 g) |
| 1 TL Meersalz |
| 1 EL Weizenvollkornmehl |
| 2 EL süße Sahne, 30% Fett |
| 1 Eigelb |
| ½ TL Liebstöckel |
| ½ TL Majoran |
| ½ TL Rosenpaprika |
| ½ TL Kümmel |
| ½ TL Koriander |
| ½ TL Curry |
| 1 Bund glatte Petersilie |
| 2 TL ungehärtetes Pflanzenfett |

### Zubereitung:

**1.** Den Kohlkopf waschen, in vier Teile schneiden, den harten Strunk entfernen und das Kraut sehr fein raspeln. Leicht mit dem Meersalz bestreuen.
**2.** Danach das Vollkornmehl, die süße Sahne und das Eigelb mit dem Kraut mischen.
**3.** Mit den Gewürzen abschmecken, die Petersilie fein hacken und unterrühren.
**4.** Das Pflanzenfett in einer beschichteten Pfanne von 20 cm Durchmesser erhitzen und die gesamte Krautmischung hineingeben. Von der einen Seite kurz anbacken und anschließend wenden. Zugedeckt bei kleiner Flamme etwa 20 Minuten dämpfen.
ca. 351 kcal/1453 kJ

## GEFÜLLTE WIRSINGRÖLLCHEN MIT WIRSINGGEMÜSE

Quellzeit: über Nacht
Zubereitungszeit: ca. 2 Std.

### Zutaten für 2 Portionen:

### Für die Wirsingröllchen:

| |
|---|
| 30 g Naturreis (roh gewogen) |
| 1 mittelgroßer Wirsingkohl |
| 1 Zwiebel |
| 1 TL ungehärtetes Pflanzenfett |
| 1 Bund Suppengrün (1 Stück Sellerie, 1 Stück Lauch, 1 Möhre) |
| 125 g frische Champignons |
| 1 TL gehackte Mandeln |
| ½ TL Kräutersalz |
| 1 Msp. geriebene Muskatnuß |
| ¼ TL Majoran |
| je ½ TL Liebstöckel und Curry |
| 1 TL Butter |
| 180 ml Wasser |
| 1 gestr. TL vegetarische Gemüsebrühe (Trockenprodukt) |
| 1 EL süße Sahne, 30% Fett |
| 1–2 Dosierlöffel Nestargel |

### Für das Gemüse:

| |
|---|
| 2 TL Butter |
| 1 Zwiebel, gehackt |
| 1 EL Weizenvollkornmehl |
| 200 ml Wirsingbrühe |
| 1 Msp. gemahlene Muskatnuß |
| 1 Gemüsebrühwürfel |

### Zubereitung:

**1.** Den Reis waschen, über Nacht in Wasser quellen lassen und darin am nächsten Tag etwa 25 Minuten garen.
**2.** Den Wirsing putzen, waschen und blanchieren. Vier größere Blätter beiseite legen und die Rippen flach schneiden. Jeweils zwei Blätter leicht überlappend nebeneinander legen. Den restlichen Wirsing und den Kochsud beiseite stellen.
**3.** Die Zwiebel schälen und fein würfeln. Das Fett in einer Pfanne erhitzen und die Zwiebel darin glasig dünsten.
**4.** Das Suppengrün waschen, putzen, sehr klein schneiden und zu den Zwiebeln geben. Ebenso mit den geputzten, grob gehackten Champignons und den Mandeln verfahren.
**5.** Den abgetropften Reis mit der Pilz-Gemüse-Mischung verrühren. Mit dem Kräutersalz, der Muskatnuß, dem Majoran, dem Liebstöckel und dem Curry pikant abschmecken.
**6.** Diese Füllung auf die ausgebreiteten Wirsingblätter geben, das Ganze aufrollen und zubinden.
**7.** Die beiden Wirsingröllchen in der Butter leicht anbraten, mit der vegetarischen Gemüsebrühe auffüllen und zugedeckt etwa 30 Minuten köcheln lassen. Mit der Sahne und dem Nestargel binden.
**8.** Den restlichen Wirsing grob schneiden. Die Butter in einem Topf schmelzen und die gehackte Zwiebel darin glasig dünsten.
**9.** Mit dem Mehl bestäuben und die Wirsingbrühe unter Rühren hinzufügen.
**10.** Den grob geschnittenen Wirsing dazugeben und 10 bis 15 Minuten dünsten. Mit der Muskatnuß und dem Gemüsebrühwürfel abschmecken. Zusammen mit den Wirsingröllchen servieren.
1 Portion Wirsingröllchen liefert ca. 336 kcal/1515 kJ
1 Portion Wirsinggemüse liefert ca. 156 kcal/646 kJ

## GEHITSCHEL

Zubereitungszeit: ca. 35 Min.

**Zutaten für 1 Portion:**

| |
|---|
| 1 TL ungehärtetes Pflanzenfett |
| 1 Zwiebel, in Würfeln |
| 400 g Sauerkraut |
| 1 TL Kümmel, 200 g Kartoffeln |
| 1 EL Sahnedickmilch |
| eventuell 40 g Rindersalami |

**Zubereitung:**

**1.** Das Fett erhitzen und die Zwiebel darin glasig dünsten.
**2.** Das Sauerkraut hinzufügen, mit wenig Wasser auffüllen, würzen, 25 Minuten garen.
**3.** Kartoffelpüree mit Dickmilch zubereiten, zum Kraut geben und abschmecken.
ca. 497 kcal/2057 kJ
**(auf dem Foto: links)**

## SPÄTZLE MIT CHAMPIGNONSAUCE

Zubereitungszeit: ca. 40 Min.

**Zutaten für 1 Portion:**

| |
|---|
| 50 g Vollkornspätzle (roh gewogen) |
| ½ l Wasser |
| ½ TL Meersalz |

**Für die Sauce:**

| |
|---|
| 1 TL Butter |
| 1 Zwiebel |
| 200 g Champignons |
| 150 ml Wasser |
| ½ TL vegetarische Gemüsebrühe (Trockenprodukt) |
| 2 EL süße Sahne, 30% Fett |
| 1–2 Dosierlöffel Nestargel |

**Zubereitung:**

**1.** Spätzle im Salzwasser 12 bis 15 Minuten bißfest garen.
**2.** In der Zwischenzeit die Butter in einer Pfanne schmelzen lassen und die kleingehackte Zwiebel darin glasig dünsten.
**3.** Die Champignons putzen, in Scheiben schneiden und zu der Zwiebel geben. Etwas anschmoren lassen und mit dem Wasser auffüllen. Mit der vegetarischen Gemüsebrühe würzen und zugedeckt etwa 15 Minuten köcheln lassen.
**4.** Anschließend mit der Sahne verfeinern und mit dem Nestargel andicken. Die Spätzle auf einen Teller geben und mit der Sauce servieren.
Dazu essen Sie „Chinakohlsalat“ (siehe Rezept Seite 70).
ca. 334 kcal/1383 kJ
**(auf dem Foto: rechts)**

# BANDNUDELN MIT GEMÜSE-KÄSE-SAUCE

Zubereitungszeit: ca. 40 Min.

**Zutaten für 2 Portionen:**

| |
|---|
| 1 Stange Lauch |
| 1 Zwiebel |
| 150 g kleine Champignons |
| 1 ½ EL Butter |
| 2 EL feines Weizenvollkornmehl |
| 50 g Sahne |
| 2 TL vegetarische Gemüsebrühe (Instantpulver) |
| geriebene Muskatnuß |
| 120 g Vollkornbandnudeln |
| Meersalz |
| 80 g Wörishofener Käse, 60% Fett i. Tr. |

**Zubereitung:**

**1.** Den Lauch putzen, halbieren, waschen und in schmale Streifen schneiden. Die Zwiebel schälen und in dünne Ringe schneiden.

**2.** Die Pilze putzen, kurz waschen und die größeren Köpfe halbieren.

**3.** Die Butter in einer Pfanne schmelzen lassen und Lauch, Zwiebeln sowie Pilze darin andünsten. Anschließend mit dem Vollkornmehl bestäuben.

**4.** Dann ¼ l Wasser und die Sahne angießen, alles mit der Gemüsebrühe und Muskatnuß würzen und etwa 10 Minuten köcheln lassen.

**5.** In der Zwischenzeit die Nudeln in leicht gesalzenem Wasser in etwa 10 Minuten bißfest garen, dann abgießen.

**6.** Den Käse in kleine Würfel schneiden, zur Gemüse-Pilz-Sauce geben und darin unter ständigem Rühren schmelzen lassen.

**7.** Die Nudeln zusammen mit der Sauce anrichten.

ca. 590 kcal/2470 kJ

Tip:

Essen Sie dazu einen neutralen Salat (siehe Seite 64 und 69 bis 73).

# GEFÜLLTE OFENKARTOFFELN

Zubereitungszeit: ca. 1 Std.

**Zutaten für 2 Portionen:**

| |
|---|
| 4 Kartoffeln à 150 g |
| 1 große Zwiebel |
| 200 g Champignons |
| 2 rote Paprikaschoten |
| 1 grüne Paprikaschote |
| 2 TL Butter |
| 1 EL vegetarische Gemüsebrühe (Instantpulver) |
| 1 TL gerebelter Oregano |
| 1 TL Butter für die Form |
| 125 g Mozzarella |
| 2 EL saure Sahne |
| 1 EL Majoranblättchen |

**Zubereitung:**

**1.** Die Kartoffeln waschen und mit Wasser knapp bedeckt etwa 12 Minuten kochen. Danach abgießen und vollständig auskühlen lassen.

**2.** In der Zwischenzeit die Zwiebel schälen und in Ringe schneiden. Die Champignons putzen, kurz waschen und in Scheiben schneiden. Die Paprikaschoten putzen, waschen und in kleine Würfel schneiden.

**3.** Zwiebelringe, Champignons und Paprikawürfel in der Butter anbraten. Mit der vegetarischen Brühe und dem Oregano würzen. Danach den Backofen auf 200 °C vorheizen.

**4.** Die Kartoffeln der Länge nach halbieren und mit einem Ausstecher oder einem Teelöffel aushöhlen. Die Hälften in eine gefettete feuerfeste Form setzen und einen Teil des Gemüses in die Aushöhlungen hineinfüllen.

**5.** Den Käse würfeln und auf die Füllung streuen. Die Kartoffeln im Backofen etwa ¼ Stunde überbacken.

**6.** Das restliche Gemüse mit der sauren Sahne verrühren und zusammen mit den Kartoffeln servieren. Die Majoranblättchen darüberstreuen.

ca. 580 kcal/2435 kJ

## PELLKARTOFFELN MIT TSATSIKI

Zubereitungszeit: ca. ½ Std.

**Zutaten für 2 Portionen:**

| |
|---|
| 500 g Kartoffeln |
| 250 g Quark, 20% Fett i. Tr. |
| 4 EL Mineralwasser |
| 2 Knoblauchzehen |
| 1 Salatgurke |
| Kräutersalz |
| 1 Dillzweig |

**Zubereitung:**

**1.** Die Kartoffeln gründlich abbürsten und als Pellkartoffeln 18 bis 20 Minuten garen.

**2.** In der Zwischenzeit den Tsatsiki zubereiten. Dafür den Quark mit dem Mineralwasser verrühren. Den Knoblauch schälen und durch eine Presse dazudrücken.

**3.** Dann 150 g der Salatgurke schälen, auf einer Rohkostreibe raspeln und zum Quark geben. Alles mit Kräutersalz abschmecken.

**4.** Die restliche Salatgurke schälen und in 1 cm breite Scheiben schneiden. Die Pellkartoffeln zusammen mit dem Tsatsiki und den Gurkenscheiben servieren. Mit dem Dill garnieren.

ca. 300 kcal/1255 kJ

**(auf dem Foto oben)**

## PIZZA VOM BLECH

Zeit zum Gehen: ¾ Std.
Zubereitungszeit: ca. 1¼ Std.

**Zutaten für 6 Portionen:**

**Für den Teig:**

| |
|---|
| 1 Würfel Hefe |
| 400 g Weizen- oder Dinkelvollkornmehl |
| 1 TL Meersalz |
| 1 EL Olivenöl |
| etwas Butter für das Blech |

**Für den Belag:**

| |
|---|
| 3 rote Paprikaschoten |
| 200 g Champignons |
| 1 Gemüsezwiebel |
| 1 EL Olivenöl |
| 1 EL vegetarische Gemüsebrühe (Instantpulver) |
| 2 TL gerebelter Oregano |
| 100 g entsteinte grüne Oliven |
| 200 g Käse, 60% Fett i. Tr., z. B. Rahmgouda oder Butterkäse |
| 1 Zweig Majoran |

**Zubereitung:**

**1.** Die Hefe mit ¼ l handwarmem Wasser mischen und mit der Hälfte des Vollkornmehls zu einem Vorteig verrühren. Diesen zugedeckt 20 bis 25 Minuten an einem warmen Ort gehen lassen.

**2.** Anschließend das restliche Mehl, das Salz und das Öl hinzufügen und alles zu einem recht geschmeidigen Teig verkneten.

**3.** Ein Backblech mit Butter ausfetten, den Teig gleichmäßig darauf verteilen und mit einer Gabel mehrmals einstechen, damit er beim Backen keine Blasen wirft. Den Teig zugedeckt nochmals etwa 20 Minuten an einem warmen Ort gehen lassen. Den Backofen auf 200 °C vorheizen.

**4.** In der Zwischenzeit Paprikaschoten und Champignons putzen, waschen und in feine Streifen, beziehungsweise in Scheiben schneiden. Die Zwiebel schälen und in Scheiben schneiden.

**5.** Das Gemüse kurz in dem Olivenöl andünsten und mit vegetarischer Gemüsebrühe und Oregano würzen.

**6.** Das Gemüse und die Oliven auf dem Teig verteilen. Den Käse in kleine Würfel schneiden und darauf geben. Die gehackten Majoranblättchen darüberstreuen.

**7.** Die Pizza auf der mittleren Schiene etwa 25 Minuten backen.

ca. 360 kcal/1510 kJ

**(auf dem Foto unten)**

Tip:

Essen Sie dazu einen neutralen Salat (siehe Seite 64 und 69 bis 73).

## LAUCHTORTE

Zubereitungszeit: ca. 1¼ Std.

**Zutaten für 1 Torte (12 Stücke):**

**Für den Teig:**

| |
|---|
| 200 g feines Weizenvollkornmehl |
| 100 g Butter, 1 Eigelb |
| 1 TL Meersalz, 3 EL Wasser |
| etwas Butter für die Form |

**Für den Belag:**

| |
|---|
| 500 g Lauch |
| 500 g Zwiebeln |
| 1 EL ungehärtetes Pflanzenfett |
| 100 ml süße Sahne, 10% Fett |
| 50 ml Wasser, 2 Eigelb |
| ½ TL geriebene Muskatnuß |
| 1 Msp. Cayennepfeffer |
| 1 TL Kräutersalz |
| 1 gepreßte Knoblauchzehe |
| 50 g Camembert, 60% Fett |

**Zubereitung:**

**1.** Das Weizenvollkornmehl mit der in Stücke geschnittenen kalten Butter, dem Eigelb, dem Meersalz und dem Wasser zu einem geschmeidigen Teig verkneten.

**2.** Den Teig auf einer leicht bemehlten Arbeitsfläche ausrollen, in eine gefettete Springform von 26 cm Durchmesser geben und einen kleinen Rand formen.

**3.** Zugedeckt im Kühlschrank etwa 30 Minuten ruhen lassen.

**4.** Den Lauch und die Zwiebeln putzen und in feine Ringe schneiden.

**5.** Das Fett in einer Pfanne erhitzen. Bei mittlerer Energiezufuhr den Lauch und die Zwiebeln darin glasig dünsten.

**6.** Die Sahne mit dem Wasser mischen und die Eigelbe darin verquirlen. Mit der Muskatnuß, dem Cayennepfeffer, dem Kräutersalz und der gepreßten Knoblauchzehe würzen.

**7.** Anschließend den Camembert in kleine Würfel schneiden und zu der Sahnemischung geben.

**8.** Die Sahnesauce zu dem Gemüse geben, verrühren und alles zusammen auf dem Teigboden verteilen, glattstreichen und im vorgeheizten Backofen bei 180 °C etwa 35 Minuten backen. Die Torte in 12 Stücke teilen und heiß servieren. Als Vorspeise essen Sie eine „Feine Blumenkohlsuppe" (siehe Rezept Seite 78).

pro Stück ca. 211 kcal/875 kJ

**(auf dem Foto: rechts)**

## GEMÜSEPAELLA

Quellzeit: über Nacht
Zubereitungszeit: ca. 1 Std.

**Zutaten für 1 Portion:**

- 50 g Naturreis (roh gewogen)
- 1 rote Paprikaschote
- 1 Zwiebel
- 1 TL ungehärtetes Pflanzenfett
- 1 Stange Lauch
- 2 EL grüne Erbsen
- 1–2 Knoblauchzehen
- 100 g frische Champignons
- 1/8 l Wasser
- 1 TL vegetarische Gemüsebrühe (Trockenprodukt)
- 1/4 TL Safran
- 2 EL Sahnedickmilch
- 1 EL feingehackte Petersilie

**Zubereitung:**

**1.** Den Reis über Nacht quellen lassen und dann 20 bis 25 Minuten garen.
**2.** Die Paprikaschote waschen und in Streifen schneiden.
**3.** Die Zwiebel schälen, würfeln und in dem Fett glasig dünsten.
**4.** Inzwischen den Lauch in Ringe schneiden und zu den Zwiebeln geben.
**5.** Die Paprikastreifen, die Erbsen, die Knoblauchzehen und die blättrig geschnittenen Champignons untermischen.
**6.** Mit dem Wasser auffüllen, der Brühe würzen und 15 Minuten garen.
**7.** Den Reis unter das Gemüse mischen und noch 5 Minuten ziehen lassen.
**8.** Zum Schluß das Safranpulver und die Sahnedickmilch unterrühren. Mit der Petersilie bestreuen.
ca. 449 kcal/1983 kJ
**(auf dem Foto: links)**

## HIRSOTTO

Zubereitungszeit: ca. 50 Min.

**Zutaten für 1 Portion:**

- 40 g Hirse
- 1 TL ungehärtetes Pflanzenfett
- 1 Zwiebel, in Würfeln
- 1/4 l Wasser
- 1 TL vegetarische Gemüsebrühe (Trockenprodukt)
- 1 mittelgroße Möhre
- 1/2 Kohlrabiknolle
- 1 kleine Stange Lauch
- 100 g frische Champignons
- 1 rote Paprikaschote
- 1 EL Erbsen
- 5 Mandeln, gestiftelt
- je 1/4 TL Liebstöckel und Rosmarin
- 1/4 TL Majoran
- 2 EL Sahnedickmilch
- 1 EL feingehackte Petersilie

**Zubereitung:**

**1.** Die Hirse heiß waschen und im heißen Fett mit der Zwiebel kurz andünsten.
**2.** Mit dem Wasser auffüllen und mit der vegetarischen Gemüsebrühe würzen.
**3.** Die Möhre und den Kohlrabi in kleine Würfel, den Lauch und die Champignons in dünne Scheiben schneiden, alles zu der Hirse geben.
**4.** Die Paprikaschote in kleine Streifen schneiden.
**5.** Zusammen mit den Erbsen und den Mandeln zu dem Hirsotto geben. 20 bis 25 Minuten bei kleiner Flamme garen.
**6.** Mit den Gewürzen abschmecken. Zum Verfeinern des Hirsottos die Sahnedickmilch unterrühren und mit der Petersilie bestreut servieren.
ca. 439 kcal/1817 kJ

## BUNTE KARTOFFELPFANNE

Zubereitungszeit: ca. 50 Min.

**Zutaten für 1 Portion:**

- 200 g Kartoffeln, 1 TL Butter
- 5 kleine Lauchzwiebeln
- 200 g Möhren
- 1 rote Paprikaschote
- 1/8 l Wasser
- 1 TL vegetarische Gemüsebrühe (Trockenprodukt)
- 1/2 TL Liebstöckel
- 1/2 TL Oregano
- 1/2 TL Kräuter der Provence
- 1 EL süße Sahne, 30% Fett
- 1 EL gehackte Petersilie

**Zubereitung:**

**1.** Die Kartoffeln in der Schale garen, pellen und in grobe Stücke schneiden.
**2.** Die Butter in einer beschichteten Pfanne schmelzen, die Kartoffeln hinzugeben und unter Wenden von allen Seiten leicht bräunen.
**3.** Die geputzten und in Ringe geschnittenen Lauchzwiebeln (auch das Grüne verwenden), die geschnittenen Möhren und die zerkleinerte Paprikaschote hinzufügen und alles kurz durchschmoren lassen.
**4.** Anschließend das Wasser über das Kartoffel-Gemüse-Gemisch gießen, mit der Gemüsebrühe würzen und zugedeckt bei mäßiger Hitze 15 bis 20 Minuten garen.
**5.** Mit dem Liebstöckel, dem Oregano, den Kräutern der Provence abschmecken und mit der Sahne verfeinern. Mit der gehackten Petersilie bestreut servieren.
ca. 499 kcal/2066 kJ

# PIKANT GEFÜLLTE PFANNKUCHEN

Zubereitungszeit: ca. ¾ Std.

**Zutaten für 2 Portionen:**

**Für die Pfannkuchen:**

| |
|---|
| 100 g Sahne |
| ½ TL Meersalz |
| 2 Eigelb |
| 150 g Dinkelvollkornmehl |
| 1 TL Weinsteinbackpulver |
| 6 EL Sonnenblumenöl |

**Für die Füllung:**

| |
|---|
| 500 g Spinat |
| 1 mittelgroße Zwiebel |
| 150 g Champignons |
| 1 TL Butter |
| 2 EL Sonnenblumenkerne |
| 1–2 TL vegetarische Gemüsebrühe (Instantpulver) |
| 1 Knoblauchzehe |
| 2 EL saure Sahne |
| 1 Msp. Muskatnuß |

**Zubereitung:**

**1.** Für den Teig die Sahne zusammen mit 360 ml Wasser, Salz und Eigelben in einer Schüssel verquirlen.

**2.** Das Vollkornmehl mit dem Backpulver mischen und nach und nach hinzufügen. Alles zu einem glatten Teig verrühren und ihn etwa ¼ Stunde quellen lassen.

**3.** In der Zwischenzeit für die Füllung den Spinat waschen, putzen und in kochendem Wasser kurz blanchieren.

**4.** Die Zwiebel schälen und in kleine Würfel schneiden. Die Pilze kurz waschen, putzen und in feine Scheiben schneiden.

**5.** Die Butter in einer Pfanne schmelzen lassen und die Zwiebelwürfel darin glasig dünsten. Champignons und Sonnenblumenkerne hinzufügen und alles bei geringer Hitze unter Rühren etwa 10 Minuten dünsten.

**6.** Den Spinat grob hacken und zur Zwiebel-Pilz-Mischung geben. Diese mit der vegetarischen Brühe würzen und die geschälte Knoblauchzehe dazupressen.

**7.** Die Mischung mit der sauren Sahne verfeinern und mit Muskat abschmecken.

**8.** Das Öl in einer beschichteten Pfanne nicht zu stark erhitzen und aus dem Teig nacheinander 4 kleine oder aber 2 große Pfannkuchen backen.

**9.** Dann jeweils etwas Gemüse auf einem Pfannkuchen verteilen und ihn aufrollen. Die Pfannkuchen zusammen mit dem restlichen Gemüse servieren.

ca. 950 kcal/4000 kJ

# AUSTERNPILZRAGOUT

Zubereitungszeit: ca. ½ Std.

**Zutaten für 2 Portionen:**

| |
|---|
| 400 g Möhren |
| 400 g Austernpilze |
| 1 Zwiebel |
| 1½ EL Butter |
| 2 gehäufte EL feines Dinkel- oder Weizenvollkornmehl |
| ¼ l vegetarische Gemüsebrühe (hergestellt aus Instantpulver) |
| 2 gehäufte EL saure Sahne |
| 2 EL gehackte Petersilie |
| 2 EL Kerbelblättchen |

**Zubereitung:**

**1.** Die Möhren waschen, putzen, schälen und in dünne Scheiben schneiden.

**2.** Die Austernpilze putzen, kurz waschen und in grobe Stücke zerschneiden.

**3.** Die Zwiebel schälen und fein würfeln. Die Butter in einer Pfanne zerlassen und die Zwiebelwürfel darin glasig dünsten. Möhren und Pilze hinzufügen und unter Rühren mitschmoren lassen.

**4.** Das Ragout mit dem Vollkornmehl bestäuben und die Gemüsebrühe dazugießen. Dabei gut umrühren. Danach das Ragout zugedeckt 15 bis 20 Minuten leicht köcheln lassen.

**5.** Das Ragout mit der sauren Sahne verfeinern und mit der Petersilie und dem Kerbel bestreuen.

ca. 250 kcal/1050 kJ

Tip:

Da dieses Ragout zur Kohlenhydratgruppe gehört, können Sie dazu ein Kartoffelpüree (Seite 82) oder Reis essen.

# PILZHIRSOTTO

Zubereitungszeit: ca. 35 Min.

### Zutaten für 2 Portionen:

- 250 g Champignons
- 1 Zwiebel
- 1 EL Butter
- 100 g TK-Erbsen
- 1 EL Currypulver
- 120 g Hirse
- 1–2 Knoblauchzehen
- 2 TL vegetarische Gemüsebrühe (Instantpulver)
- 4 EL Sahne
- 2 EL feingehackte Petersilie

### Zubereitung:

**1.** Die Champignons putzen, kurz waschen und in feine Scheiben schneiden. Die Zwiebel schälen und fein würfeln.

**2.** Die Butter in einer Pfanne schmelzen lassen und Champignons sowie Zwiebelwürfel darin kurz dünsten. Die Erbsen hinzufügen und alles mit Curry bestäuben.

**3.** Die Hirse mit heißem Wasser abspülen und zu den Pilzen geben. Die Knoblauchzehen durch eine Presse dazudrücken und alles mit der Gemüsebrühe würzen.

**4.** Anschließend ½ l Wasser angießen und das Hirsotto zugedeckt 20 bis 25 Minuten köcheln lassen, bis die Hirse weich ist.

**5.** Das Hirsotto mit der Sahne verfeinern und mit der Petersilie bestreut servieren.

ca. 405 kcal/1690 kJ

Tip:

Essen Sie dazu einen frischen neutralen Salat oder einen neutralen Rohkostteller (siehe Seite 64 und 69 bis 73).

## CURRYTOPF

Zubereitungszeit: ca. ½ Std.

**Zutaten für 2 Portionen:**

| |
|---|
| 1 großer Kopf Blumenkohl |
| 500 g Kartoffeln |
| 1 TL Meersalz |
| 1 Zwiebel |
| 4 EL Butter |
| 2–3 EL Currypulver |
| 5 EL feines Weizenvollkornmehl |
| 4 EL Sahne |
| 1–2 TL vegetarische Gemüsebrühe (Instantpulver) |
| 2 EL gehackte Petersilie |

**Zubereitung:**

**1.** Den Blumenkohl putzen, waschen und in kleine Röschen zerteilen. Die Kartoffeln waschen, schälen und würfeln. Beides zusammen in ¾ l leicht gesalzenem Wasser 15 bis 18 Minuten garen. Anschließend mit der Schöpfkelle aus der Brühe nehmen und beiseite stellen.

**2.** In der Zwischenzeit die Zwiebel schälen, würfeln und in der Butter glasig dünsten. Mit dem Curry und dem Mehl bestäuben, beides kurz anschwitzen lassen und dann etwa 300 ml des Blumenkohl-Kartoffel-Kochwassers unter Rühren angießen.

**3.** Die Sauce langsam und unter ständigem Rühren zum Kochen bringen und so lange köcheln lassen (etwa 5 Minuten), bis sie gebunden ist. Eventuell etwas Flüssigkeit nachgießen, falls sie zu dickflüssig ist. Danach die Sahne hineinrühren und die Sauce mit der vegetarischen Gemüsebrühe abschmecken.

**4.** Den Blumenkohl und die Kartoffeln hinzufügen und alles mit der Petersilie bestreuen.

ca. 540 kcal/2260 kJ

## GEFÜLLTE ZUCCHINI

Zubereitungszeit: ca. 1½ Std.

**Zutaten für 1 Portion:**

| |
|---|
| 50 g Hirse, 200 ml Wasser |
| 1 TL vegetarische Gemüsebrühe (Trockenprodukt) |
| 2 mittelgroße Zucchini |
| 2 EL Olivenöl |
| 2–3 Knoblauchzehen |
| ½ TL Kräutersalz |
| 2 EL gehackte Kräuter |
| 1 Zwiebel, 1 TL Butter |
| ½ rote Paprikaschote |
| 1 kleine Möhre |
| 100 g frische Champignons |
| 1 TL Majoran, 1 TL Rosenpaprika |
| 1 EL saure Sahne |
| 30 g Käse, 60% Fett i. Tr., in Streifen geschnitten |
| etwas Butter für die Form |

**Zubereitung:**

**1.** Die Hirse in das kochende Wasser rühren, mit der Gemüsebrühe würzen und bei milder Hitze 25 bis 30 Minuten garen lassen.

**2.** Die Zucchini waschen, der Länge nach halbieren und aushöhlen. Das Fruchtfleisch können Sie gut für einen Rohkostsalat verwenden.

**3.** Aus dem Olivenöl, dem gepreßten Knoblauch, dem Kräutersalz und den gehackten Kräutern eine Paste rühren und die ausgehöhlten Zucchini damit bestreichen.

**4.** Anschließend die Zwiebel schälen, klein würfeln und in der Butter glasig dünsten.

**5.** Die Paprikaschote vom Kerngehäuse befreien und in sehr feine Streifen schneiden. Die Möhre schälen und fein raspeln. Die Pilze säubern und feinblättrig schneiden.

**6.** Die Paprikastreifen, die Möhren und die Pilze zu den Zwiebeln geben und 5 bis 8 Minuten mitdünsten. Danach die Hirse unter das Gemüse rühren.

**7.** Mit dem Majoran, dem Rosenpaprika würzen und mit der sauren Sahne verfeinern.

**8.** Den Hirsebrei in die Zucchini füllen und mit den Käsestreifen belegen.

**9.** Eine Auflaufform einfetten und die gefüllten Zucchini hineinsetzen. Mit Alufolie abdekken und etwa 40 Minuten bei 200 °C garen.

ca. 543 kcal/2248 kJ

# MAISSCHNITTE MIT ZUCCHINI

Zubereitungszeit: ca. 1 Std.

**Zutaten für 2 Personen:**

**Für die Maisschnitte:**

| |
|---|
| 100 g feingeschrotetes Maismehl |
| 400 ml Wasser |
| 1 TL vegetarische Gemüsebrühe (Trockenprodukt) |
| 1 Eigelb |
| ½ TL Majoran |
| ½ TL Koriander |
| ½ TL Curry |
| ½ gepreßte Knoblauchzehe |
| 1 TL Butter zum Einfetten der Form |

**Für den Belag:**

| |
|---|
| 300 g Zucchini |
| 1 TL Butter |
| ½ TL Kräutersalz |
| 1 gepreßte Knoblauchzehe |
| 50 g milder Blauschimmelkäse, Vollfettstufe |
| 4 EL süße Sahne, 30% Fett |
| 2 EL Wasser |

**Zubereitung:**

**1.** Das Maismehl in das Wasser rühren und etwa 30 Minuten quellen lassen. Anschließend die vegetarische Gemüsebrühe dazugeben und bei geringer Energiezufuhr unter Rühren aufkochen lassen. Auf der ausgeschalteten Platte noch kurze Zeit ziehen lassen.

**2.** Das Eigelb, die Gewürze, die halbe gepreßte Knoblauchzehe unter den Maisbrei rühren und in eine gefettete Auflaufform geben.

**3.** Die Zucchini waschen, je nach Größe längs vierteln und in etwa 1 cm große Würfel schneiden.

**4.** In der zerlassenen Butter zart andünsten und mit dem Kräutersalz und dem Knoblauch würzen.

**5.** Überschüssige Flüssigkeit von den Zucchini abgießen und das Gemüse auf dem Maisbrei dicht verteilen. Im vorgeheizten Backofen bei 200 °C etwa 15 Minuten backen.

**6.** Den Käse mit der Sahne und dem Wasser verrühren und über die Maisschnitten verteilen. Nochmals kurze Zeit backen, bis der Käse goldgelb zerlaufen ist. Essen Sie dazu „Grüner Salat" (siehe Rezept Seite 71).

pro Portion ca. 386 kcal/ 1600 kJ

## GETREIDEAUFLAUF

Quellzeit: über Nacht
Zubereitungszeit: ca. 50 Min.

**Zutaten für 1 Portion:**

- 50 g Grünkern, ganze Körner
- ⅓ veget. Gemüsebrühwürfel
- 200 g Lauch, in Ringen
- 1 Zwiebel, in feinen Würfeln
- 125 g Champignons, in Blättern
- 1 rote Paprikaschote, in Streifen
- 1 TL ungehärtetes Pflanzenfett
- 1 gepreßte Knoblauchzehe
- 1 TL Curry
- 1 Msp. geriebene Muskatnuß
- 1 TL vegetarische Gemüsebrühe (Trockenprodukt)
- je 1 Msp. Majoran und Kardamom
- 2 EL süße Sahne, 30% Fett
- 30 g Rahmgouda (60% Fett)

**Zubereitung:**

**1.** Den Grünkern über Nacht in kaltem Wasser einweichen. Dann im Einweichwasser mit dem Brühwürfel etwa 30 Minuten garen.
**2.** Das Gemüse vorbereiten. Das Fett in einer Pfanne erhitzen. Den Lauch und die Zwiebel darin glasig andünsten. Die Champignons und den Paprika hinzufügen.
**3.** Den gut abgetropften Grünkern untermischen.
**4.** Mit Knoblauch, Curry, Muskatnuß, Brühe, Majoran und Kardamom abschmekken. Weitere 15 Minuten köcheln lassen.
**5.** Mit der Sahne verfeinern. Zum Schluß mit Käsestreifen belegen. Nochmals zugedeckt leicht erhitzen, bis der Käse geschmolzen ist.
ca. 519 kcal/2148 kJ
**(auf dem Foto oben: oben)**

## GRÜNKERNBRATLINGE

Quellzeit: ca. 1 Std.
Zubereitungszeit: ca. 40 Min.

**Zutaten für 5 Bratlinge:**

- 1 Zwiebel, 1 TL Butter
- 80 g Grünkern, mittelfein geschrotet
- 160 ml Wasser
- 1 TL vegetarische Gemüsebrühe (Trockenprodukt)
- ½ TL geriebene Muskatnuß
- ½ TL Liebstöckel, ½ TL Majoran
- 2 EL Sahnedickmilch
- 4 TL Mandelblättchen
- 4 TL ungehärtetes Pflanzenfett

**Zubereitung:**

**1.** Die Zwiebel sehr fein hakken und in der Butter glasig dünsten. Mit etwas Grünkernmehl leicht bestäuben. Mit dem Wasser ablöschen und das restliche Grünkernmehl hinzufügen.
**2.** Die Masse kurz aufkochen lassen, so daß ein fester Teig entsteht; dabei mit einem Wender ständig umrühren.
**3.** Mit der Brühe, Muskatnuß, Liebstöckel, Majoran und Sahnedickmilch würzig abschmekken und eine Stunde quellen lassen.
**4.** Nach der Quellzeit aus dem Teig fünf Bratlinge formen und in den gehobelten Mandelblättchen wälzen.
**5.** In einer beschichteten Pfanne das Fett erhitzen und die Bratlinge zugedeckt bei milder Hitze 12 bis 15 Minuten ausbacken. Servieren Sie dazu „bunten Gemüsesalat" (siehe Rezept Seite 72).
pro Bratling ca. 139 kcal/579 kJ
**(auf dem Foto oben: unten)**

## GEMÜSEAUFLAUF

Zubereitungszeit: ca. 1½ Std.

**Zutaten für 2 Portionen:**

- 250 g Möhren
- 250 g Kohlrabi
- 250 g Zucchini
- 250 g Kartoffeln
- 250 g frische Champignons
- ⅛ l Wasser
- 250 g saure Sahne
- 1 TL Curry
- 1 TL Kräutersalz
- ½ TL Thymian
- 1 TL Rosenpaprika
- 1 gepreßte Knoblauchzehe
- 1 Msp. Cayennepfeffer
- 100 g Mozzarella

**Zubereitung:**

**1.** Die Möhren, die Kohlrabi, die Zucchini und die Kartoffeln auf einer Gemüseraspel grob reiben. Zusammen mit den geputzten, in Scheiben geschnittenen Champignons vermischen und in eine Auflaufform geben.
**2.** Das Wasser mit der sauren Sahne verquirlen und mit dem Curry, dem Kräutersalz, dem Thymian, dem Rosenpaprika, der gepreßten Knoblauchzehe und dem Cayennepfeffer pikant würzen.
**3.** Die gewürzte saure Sahne über das Gemüse gießen und im vorgeheizten Backofen bei 200 °C etwa 45 Minuten bakken. Eventuell mit Alufolie abdecken.
**4.** Zum Schluß mit der in Scheiben geschnittenen Mozzarella belegen und nochmals kurz überbacken.
ca. 451 kcal/1867 kJ
**(auf dem Foto: unten)**

## MISCHGEMÜSE MIT KÄSESAUCE

Zubereitungszeit: ca. 50 Min.

**Zutaten für 1 Portion:**

| |
|---|
| 100 g Blumenkohl |
| 100 g Brokkoli |
| 100 g Erbsenschoten |
| 100 g Prinzeßbohnen |
| 1 TL Meersalz |

**Für die Sauce:**

| |
|---|
| 1 Zwiebel, 1 TL Butter |
| 1 EL Weizenvollkornmehl |
| 2 EL süße Sahne, 30% Fett |
| 150 ml Gemüsewasser |
| ½ TL vegetarische Gemüsebrühe (Trockenprodukt) |
| 40 g milder Blauschimmelkäse, 60% Fett i. Tr. |

**Zubereitung:**

**1.** Den Blumenkohl, den Brokkoli, die Erbsenschoten und die Prinzeßbohnen putzen, waschen und zerkleinern.

**2.** Das Gemüse in ½ l leicht gesalzenem Wasser 15 bis 18 Minuten garen. 150 ml des Kochsuds für die Sauce beiseite stellen.

**3.** In der Zwischenzeit die Zwiebel hacken, in der Butter glasig dünsten und mit dem Vollkornmehl bestäuben.

**4.** Die Sahne mit dem Gemüsewasser mischen und unter Rühren bei milder Hitze zu der Einbrenne geben. Mit der vegetarischen Gemüsebrühe würzen.

**5.** Den Käse in kleine Stücke schneiden, hinzufügen und unter ständigem Rühren aufkochen lassen. Die Käsesauce über das abgetropften Gemüse geben und sofort servieren.

ca. 470 kcal/1946 kJ

## KARTOFFELAUFLAUF „PROVENÇAL“

Zubereitungszeit: ca. 1½ Std.

**Zutaten für 1 Portion:**

| |
|---|
| 200 g Kartoffeln |
| 1 Gemüsezwiebel (150 g) |
| 1 Stange Lauch (200 g) |
| 125 g frische Champignons |
| 2 TL Butter |
| ¾ TL gemahlener Rosmarin |
| ½ TL Kräuter der Provence |
| 1 Msp. Cayennepfeffer |
| 1 TL vegetarische Gemüsebrühe (Trockenprodukt) |
| 1–2 Knoblauchzehen |
| 1 EL süße Sahne, 30% Fett |
| etwas Butter für die Form |
| 60 g Mozzarella |

**Zubereitung:**

**1.** Die Kartoffeln garen, pellen und in Scheiben schneiden.

**2.** Die Zwiebel, den Lauch und die Champignons putzen und in feine Scheiben schneiden. In der Butter wenden, von allen Seiten leicht bräunen und mit dem Wasser auffüllen.

**3.** Mit den Gewürzen, der Gemüsebrühe und dem gepreßten Knoblauch abschmecken. Zugedeckt 12 bis 15 Minuten bei kleiner Hitze dünsten. Mit der Sahne verfeinern.

**4.** Eine feuerfeste Form leicht ausbuttern und abwechselnd die Kartoffelscheiben und die Gemüsemischung einschichten.

**5.** Anschließend mit der kleingeschnittenen Mozzarella bestreuen und im vorgeheizten Backofen bei 180 bis 200 °C etwa 15 Minuten überbacken.

ca. 541 kcal/2240 kJ

## BROKKOLITOPF MIT KARTOFFELBREI

Zubereitungszeit: ca. 1 Std.

**Zutaten für 1 Portion:**

| |
|---|
| 400 g Brokkoli, 1 EL Butter (10 g) |
| 1 feingehackte Zwiebel |
| 1 EL Weizenvollkornmehl |
| ¼ l Brokkolibrühe |
| 1 TL vegetarische Gemüsebrühe (Trockenprodukt) |
| ½ TL geriebene Muskatnuß |
| 150 g Kartoffeln, etwas Wasser |
| ½ TL Vollmeersalz |
| 1 EL süße Sahne, 30% Fett |

**Zubereitung:**

**1.** Den geputzten und in Röschen geteilten Brokkoli in wenig siedendem Wasser etwa 15 Minuten garen. Herausnehmen, abtropfen lassen und grob hacken.

**2.** Anschließend die Butter in einem Topf zerlassen, die gehackte Zwiebel darin andünsten. Das Mehl darüberstäuben und hellgelb anschwitzen. Mit der Brokkolibrühe löschen.

**3.** Unter ständigem Rühren aufkochen lassen und den restlichen Brokkoli hinzugeben. Mit der vegetarischen Gemüsebrühe und dem Muskat abschmecken.

**4.** Während das Gemüse gart, die Kartoffeln waschen, abschälen und in kleine Würfel schneiden. In wenig leicht gesalzenem Wasser kochen und im Kochwasser stampfen. Mit der Sahne verfeinern.

**5.** Den Kartoffelbrei mit dem Brokkoli noch warm servieren.

ca. 461 kcal/1908 kJ

**(auf dem Foto)**

# Eiweißreiche Hauptmahlzeiten

## APFEL-ZWIEBEL-GRATIN „DELIKAT“

Zubereitungszeit: ca. 1 Std.

**Zutaten für 1 Portion:**

| |
|---|
| 200 g süßliche Äpfel |
| 2 EL Zitronensaft |
| 200 g rote Zwiebeln |
| 1 EL ungeschwefelte Rosinen |
| 50 ml süße Sahne, 30% Fett |
| 1/4 TL Meersalz |
| 1 Msp. Cayennepfeffer |
| 60 g Mozzarella |

**Zubereitung:**

**1.** Die Äpfel vierteln, schälen, entkernen, in feine Spalten schneiden und mit dem Zitronensaft beträufeln.
**2.** Die Zwiebeln schälen und in dünne Ringe schneiden.
**3.** Die Äpfel mit den Zwiebeln und den Rosinen in eine Auflaufform schichten.
**4.** Anschließend die Sahne mit dem Salz und dem Cayennepfeffer abschmecken und über das Apfel-Zwiebel-Gemisch gießen.
**5.** Die Mozzarella darüberflocken und im Backofen bei 200 °C etwa 45 Minuten überbacken.
Sollte die Oberfläche zu braun werden, decken Sie sie mit Alufolie ab.
ca. 388 kcal/1606 kJ

## AUBERGINEN-TOMATEN-GRATIN

Zubereitungszeit: ca. 1¼ Std.

**Zutaten für 1 Portion:**

| |
|---|
| 1 mittelgroße Aubergine |
| Meersalz zum Bestreuen |
| 1/4 l Wasser |
| 1 TL vegetarische Gemüsebrühe (Trockenprodukt) |
| 4 Tomaten, 2 Eier |
| 180 ml Milch, 1 TL Kräutersalz |
| 1 TL Basilikum, 1 TL Oregano |
| 1–2 Knoblauchzehen |
| 30 g geriebener Käse |
| 1 EL gehackte Petersilie |

**Zubereitung:**

**1.** Die Aubergine waschen, den Stielansatz entfernen und die Frucht in Scheiben schneiden. Mit dem Meersalz bestreuen und 20 Minuten ziehen lassen.
**2.** Anschließend die Scheiben mit Küchenkrepp trockentupfen. Wasser mit der Gemüsebrühe mischen und die Auberginen darin 15 Minuten garen.
**3.** Die Auberginenscheiben in eine Auflaufform schichten.
**4.** Die Tomaten kurz mit kochendem Wasser überbrühen, kalt abschrecken und die Haut abziehen. Ebenfalls in Scheiben schneiden und schuppenförmig auf die Auberginen legen.
**5.** Die Eier mit der Milch verquirlen und mit dem Kräutersalz, dem Basilikum, dem Oregano und dem gepreßten Knoblauch würzen.
**6.** Die Eiermilch über den Auflauf gießen und mit dem geriebenen Käse bestreuen.
**7.** In dem auf 180 °C vorgeheizten Backofen etwa 30 Minuten überbacken, bis die Eiermilch gestockt ist. Mit der gehackten Petersilie bestreut servieren.
ca. 453 kcal/1875 kJ

## FRIKADELLEN

Zubereitungszeit: ca. 20 Min.

**Zutaten für 1 Portion:**

| |
|---|
| 100 g Rinderhackfleisch |
| 50 g Quark, 20% Fett |
| 1 Eigelb |
| 1 TL Kräutersalz |
| 1 gehackte Zwiebel |
| 2 EL feingehackte Kräuter |
| 2 TL ungehärtetes Pflanzenfett |

**Zubereitung:**

**1.** Das Rinderhackfleisch in eine Schüssel geben. Mit dem Quark, dem Eigelb, dem Kräutersalz, der gehackten Zwiebel und den gehackten Kräutern vermischen.
**2.** Aus dem Fleischteig zwei Frikadellen formen und in dem Fett von beiden Seiten braten.
Essen Sie dazu etwa 400 g Tomatensalat (siehe Rezept Seite 72).
ca. 367 kcal/1519 kJ

## KOHLRABIGEMÜSE MIT SCHINKENRÜHREIERN

Zubereitungszeit: ca. 3/4 Std.

**Zutaten für 1 Portion:**

| |
|---|
| 2 Kohlrabi (geputzt 400 g) |
| 1 TL vegetarische Gemüsebrühe (Trockenprodukt) |
| 1/2 Dosierlöffel Nestargel |
| 2 EL Sahnedickmilch |
| 2 EL gehackte Petersilie |

**Für die Rühreier:**

| |
|---|
| 1 TL Butter |
| 30 g Rinderschinken, in Streifen |
| 1 kleine Zwiebel, 2 Eier |
| 1 EL süße Sahne, 30% Fett |
| 1 Msp. Kräutersalz |

**Zubereitung:**

**1.** Die Kohlrabiknollen schälen und in grobe Stifte hobeln. Mit 1/4 l Wasser in einen Topf geben und mit der vegetarischen Gemüsebrühe würzen. 15 bis 20 Minuten dünsten, dabei gelegentlich umrühren, falls notwendig, noch etwas Wasser dazugeben.

**2.** Mit dem Nestargel binden und mit der Sahnedickmilch legieren. Die Petersilie leicht unterrühren.

**3.** Für die Rühreier die Butter in einer Pfanne schmelzen lassen, die Schinkenstreifen und die gehackte Zwiebel hinzufügen und leicht anbraten.

**4.** In der Zwischenzeit die Eier mit einem Schuß Mineralwasser oder Wasser und der Sahne gut verquirlen. Mit wenig Kräutersalz würzen und zu dem angebratenen Schinken geben. Die Masse hin und wieder mit einem Kochspatel zusammenschieben und stokken lassen.

**5.** Das Gemüse mit dem Rührei sofort servieren.

ca. 517 kcal/2140 kJ

Variation:

Sie können aus der Eimasse leicht ein Omelett oder ein Schaumomelett backen. Für letzteres werden die Eiweiße steif geschlagen und kurz vor dem Backen untergehoben.

## KRABBENSALAT

Zubereitungszeit: ca. 25 Min.

### Zutaten für 2 Portionen:

**Für den Salat:**

| |
|---|
| 1 römischer Salat (Romana) |
| 2 Orangen |
| 1 Avocado |
| 200 g ausgelöste Krabben |
| 3 EL gehackter Dill |

**Für die Sauce:**

| |
|---|
| 1/8 l frisch gepreßter Orangensaft |
| 1 Msp. Cayennepfeffer |
| 1 TL Frutilose |
| 1 TL Meersalz |
| 125 g saure Sahne |

**Zubereitung:**

**1.** Den Salatkopf putzen, verlesen, waschen und gut abtropfen lassen. Die größeren Blätter in mundgerechte Stücke schneiden. Die kleineren Blätter auf zwei flachen Tellern fächerförmig auslegen.

**2.** Die Orangen mit einem scharfen Messer sorgfältig schälen und dabei auch die weiße Haut entfernen. Anschließend die Orangen in kleine Stücke schneiden.

**3.** Die Avocado schälen, halbieren, entkernen und das Fruchtfleisch in schmale Spalten schneiden. Die restlichen Salatblätter mit den Orangen und den Avocados auf den Tellern anrichten.

**4.** Für die Sauce den Orangensaft mit Cayennepfeffer, Frutilose und Salz verrühren und die saure Sahne mit dem Schneebesen darunterquirlen.

**5.** Die Sauce über den Salat gießen. Die gewaschenen und abgetropften Krabben auf den Salat streuen und ihn mit dem gehackten Dill garnieren.

ca. 450 kcal/1880 kJ

**(auf dem Foto: oben links)**

## FITNESSTELLER

Zubereitungszeit: ca. 1 Std.

**Zutaten für 2 Portionen:**

**Für den Salat:**

| |
|---|
| 300 g Hähnchenbrustfilets |
| 100 g Champignons |
| 2 EL kaltgepreßtes Sonnenblumenöl |
| Meersalz |
| 1 kleiner Kopf Friséesalat |
| 100 g Feldsalat |
| 3 Tomaten |
| ½ Ananas |
| 2 große Möhren |

**Für die Sauce:**

| |
|---|
| 150 g Sahnedickmilch |
| 1 TL Frutilose |
| 1 EL vergorenes Molkekonzentrat (Molkosan) |
| 1 TL Kräutersalz |

**Zum Bestreuen:**

| |
|---|
| 125 g Mungo- oder Sojabohnenkeimlinge |

**Zubereitung:**

**1.** Das Hähnchenfleisch waschen, trockentupfen und in kleine Stücke schneiden. Die Pilze putzen, waschen und in feine Scheiben schneiden.

**2.** Das Öl in einer Pfanne erhitzen und Fleisch sowie Pilze darin rundherum etwa 10 Minuten braten. Anschließend salzen und abkühlen lassen.

**3.** In der Zwischenzeit die Salate putzen, verlesen, waschen und in mundgerechte Stücke zupfen. Die Tomaten waschen, die Stielansätze herausschneiden und die Früchte achteln. Die Salatblätter zusammen mit den Tomaten auf zwei Tellern anrichten.

**4.** Die Ananas schälen, der Länge nach vierteln und die harten Strünke abschneiden. Das Fruchtfleisch in kleine Stücke schneiden. Die Möhren schälen und grob raspeln.

**5.** Für die Sauce die Sahnedickmilch cremig rühren und mit Frutilose, Molkekonzentrat und Kräutersalz abschmecken.

**6.** Ananas und Möhren mit der Sauce mischen und diese auf den vorbereiteten Salat geben.

**7.** Das Hähnchenfleisch und die Pilze auf dem Salat verteilen und die Keimlinge darüberstreuen.

ca. 440 kcal/1840 kJ

**(auf dem Foto: oben rechts)**

## PUTEN-AVOCADO-SALAT

Zubereitungszeit: ca. ¾ Std.

**Zutaten für 2 Portionen:**

**Für den Salat:**

| |
|---|
| 2 Putenschnitzel à 150 g |
| 8 Champignons |
| 1 EL ungehärtetes Pflanzenfett |
| 1 TL Kräutersalz |
| 1 kleiner Kopf Eichblattsalat |
| 1 kleiner Kopf Lollo rosso |
| 3 Tomaten |
| 1 Avocado |

**Für die Sauce:**

| |
|---|
| 1 kleine Zwiebel |
| 2 TL kaltgepreßtes Sonnenblumenöl |
| 1 TL Kräutersalz |
| 1 EL vergorenes Molkekonzentrat (Molkosan) |
| 2 EL Kerbelblättchen |

**Zubereitung:**

**1.** Das Putenfleisch waschen, trockentupfen und in schmale Streifen schneiden. Die Champignons putzen, kurz waschen und in recht feine Scheiben schneiden.

**2.** Das Fett in einer Pfanne erhitzen und das Putenfleisch sowie die Champignons darin kräftig anbraten. Danach mit dem Kräutersalz würzen und weitere 8 Minuten schmoren lassen; dabei ab und zu umrühren. Dann beiseite stellen.

**3.** In der Zwischenzeit die Salate putzen, verlesen, waschen und in mundgerechte Stücke zupfen. Die Tomaten waschen, die Stielansätze herausschneiden und die Früchte achteln.

**4.** Die Avocado der Länge nach halbieren und den Stein herauslösen. Die Avocadohälften schälen und in dünne Spalten schneiden.

**5.** Für die Sauce die Zwiebel schälen und sehr fein hacken. Öl, Kräutersalz, Molkekonzentrat und 80 ml Wasser zu einer Marinade verrühren und die Zwiebelwürfel dazugeben.

**6.** Salatblätter, Tomaten und Avocadospalten auf zwei Tellern anrichten, mit der Sauce beträufeln und das noch warme Putenfleisch sowie die Champignons darauf verteilen. Mit Kerbelblättchen garnieren.

ca. 490 kcal/2050 kJ

**(auf dem Foto: unten)**

## BUNTER BAUERNSALAT

Zubereitungszeit: ca. 20 Min.

**Zutaten für 2 Portionen:**

- 1 kleiner Kopf Lollo rosso
- 1 kleiner Kopf Eichblattsalat
- 2 Fleischtomaten
- 2 mürbe, süße Äpfel
- 100 g milder Schafskäse
- 1 EL vergorenes Molkekonzentrat (Molkosan)
- 2 EL saure Sahne
- ½ TL Kräutersalz
- 1 TL Frutilose
- 1 Zwiebel
- 2 EL feingehackte Kräuter (Petersilie, Kerbel, Kresse)

**Zubereitung:**

**1.** Die Salatköpfe putzen, verlesen, waschen und in mundgerechte Stücke zupfen.
**2.** Die Stielansätze der Tomaten herausschneiden und die Früchte in kleine Stücke schneiden.
**3.** Die Äpfel schälen, vierteln, die Kerngehäuse entfernen und die Äpfel in kleine Scheiben schneiden.
**4.** Salat, Tomaten und Äpfel in einer Schüssel mischen. Den Käse in Stücken dazugeben.
**5.** Für die Sauce das Molkekonzentrat mit 6 Eßlöffeln Wasser und der sauren Sahne gut verquirlen. Mit dem Kräutersalz und der Frutilose fein abschmecken.
**6.** Die Zwiebel schälen, sehr fein würfeln und zur Sauce geben.
**7.** Den Salat mit der Sauce mischen und die gehackten Kräuter darüberstreuen.

ca. 290 kcal/1210 kJ

**(auf dem Foto: oben)**

## SPANISCHE GEFLÜGELSUPPE

Zubereitungszeit: ca. ¾ Std.

**Zutaten für 2 Portionen:**

- 1 Bund Suppengrün, 1 Zwiebel
- 1–2 Knoblauchzehen
- 1 EL kaltgepreßtes Olivenöl
- 350 g Hähnchenfleisch
- 1 rote Paprikaschote, 1 Zucchino
- 3 Tomaten
- 2–3 TL vegetarische Gemüsebrühe (Instantpulver)
- 1 TL gerebelter Oregano
- 1 TL gemahlener Rosmarin
- 2 EL gehackte Basilikumblättchen

**Zubereitung:**

**1.** Das Suppengrün putzen, waschen und kleinwürfeln.
**2.** Die Zwiebel und den Knoblauch schälen und beides fein hacken. Suppengrün, Zwiebel und Knoblauch zusammen in dem Olivenöl andünsten.
**3.** In der Zwischenzeit das Hähnchenfleisch waschen, trockentupfen und in mundgerechte Stücke schneiden. Dann zum Gemüse geben. Mit ¾ l Wasser auffüllen.
**4.** Die Paprikaschote und den Zucchino putzen, waschen und in Würfel schneiden.
**5.** Die Tomaten über Kreuz einritzen, überbrühen, enthäuten und grob zerkleinern. Paprika-, Zucchini- und Tomatenwürfel in die Suppe geben und das Ganze mit Gemüsebrühe, Oregano und Rosmarin würzen.
**6.** Die Suppe 20 bis 25 Minuten köcheln lassen. Mit den Basilikumblättchen bestreuen.

ca. 320 kcal/1340 kJ

**(auf dem Foto: Mitte)**

## GEMÜSEEINTOPF MIT RINDFLEISCH

Zubereitungszeit: ca. 1½ Std.

**Zutaten für 2 Portionen:**

- 350 g mageres Rindfleisch
- 1 ½ EL ungehärtetes Kokosfett
- 1 EL Paprikapulver edelsüß
- 1 Msp. Cayennepfeffer
- 1 Lorbeerblatt
- 1 TL Kümmel, 1 TL Kräutersalz
- ½ l vegetarische Gemüsebrühe (hergestellt aus Instantpulver)
- 1–2 Stangen Lauch (ca. 250 g)
- 1 Zwiebel
- 350 g Möhren
- 200 g Knollensellerie
- 2 EL gehackte Petersilie

**Zubereitung:**

**1.** Das Fleisch kurz waschen, trockentupfen und würfeln.
**2.** Das Kokosfett in einem Bräter erhitzen und das Fleisch unter Wenden darin anbraten. Paprikapulver, Cayennepfeffer, Lorbeerblatt, Kümmel und Kräutersalz dazugeben.
**3.** Das Fleisch mit der Gemüsebrühe ablöschen. Zugedeckt 70 Minuten köcheln lassen.
**4.** In der Zwischenzeit den Lauch putzen, waschen und in Ringe schneiden. Zwiebel, Möhren und Sellerie schälen und kleinwürfeln.
**5.** Das Gemüse nach Ende der Garzeit zum Fleisch geben und den Eintopf zugedeckt 20 Minuten köcheln lassen.
**6.** Vor dem Servieren das Lorbeerblatt entfernen und den Eintopf mit der Petersilie bestreuen.

ca. 480 kcal/2010 kJ

**(auf dem Foto: unten)**

# LAUCHEINTOPF MIT HACKFLEISCH UND TOMATEN

Zubereitungszeit: ca. 35 Min.

**Zutaten für 2 Portionen:**

| |
|---|
| 2 Stangen Lauch (ca. 500 g) |
| 1 ½ EL Butter |
| 350 g Rinderhackfleisch |
| 500 g Tomaten |
| 1–2 TL vegetarische Gemüsebrühe (Instantpulver) |
| 1 TL gemahlener Rosmarin |
| 1 TL Oregano |
| 2 EL Sahne |

**Zubereitung:**

**1.** Den Lauch putzen, der Länge nach halbieren, waschen und in dünne Ringe schneiden.

**2.** Die Butter in einem Topf schmelzen lassen und das Hackfleisch darin anbraten. Dann den Lauch hinzufügen und bei geringer Hitze kurze Zeit schmoren lassen. Ab und zu umrühren.

**3.** In der Zwischenzeit die Tomaten waschen und die Stielansätze herausschneiden. Die Tomaten eventuell enthäuten, dann vierteln und mit dem Schneidstab pürieren. Das Tomatenmus zum Hackfleisch geben.

**4.** Nun ⅛ l Wasser angießen, den Eintopf mit der vegetarischen Gemüsebrühe, dem Rosmarin und dem Oregano würzen und mit der Sahne verfeinern. Dann zugedeckt bei milder Hitze 15 bis 18 Minuten köcheln lassen.

ca. 585 kcal/2450 kJ

## ITALIENISCHE HACKFLEISCHPFANNE

Zubereitungszeit: ca. 3/4 Std.

**Zutaten für 2 Portionen:**

| |
|---|
| 1 Aubergine |
| Meersalz |
| 2 Zucchini, 5 Tomaten |
| 1 Zwiebel |
| 1–2 Knoblauchzehen |
| 1 ½ EL Olivenöl |
| 350 g Rinderhackfleisch |
| 1 TL gerebelter Rosmarin |
| 1 TL gerebelter Oregano |
| 2 TL vegetarische Gemüsebrühe (Instantpulver) |
| 4 EL Sahne |

**Zubereitung:**

**1.** Die Aubergine putzen, waschen und in kleine Würfel schneiden. Danach leicht salzen, etwa 10 Minuten Wasser ziehen lassen und danach mit Küchenkrepp vorsichtig trockentupfen.

**2.** Die Zucchini waschen, putzen, der Länge nach halbieren und in Scheiben schneiden. Die Tomaten über Kreuz einritzen, kurz überbrühen, abschrecken, enthäuten und zerkleinern.

**3.** Die Zwiebel und den Knoblauch schälen und beides fein hacken.

**4.** Das Öl in einer Pfanne erhitzen und das Hackfleisch zusammen mit Zwiebelwürfeln und Knoblauch darin kräftig anbraten.

**5.** Aubergine und Zucchini hinzufügen und mit andünsten. Die Tomaten ebenfalls in die Pfanne geben. 180 ml Wasser angießen und anschließend alles zugedeckt bei schwacher Hitze etwa ¼ Stunde köcheln lassen.

**6.** Die Hackfleischpfanne mit Rosmarin, Oregano und vegetarischer Gemüsebrühe würzen und mit der Sahne verfeinern.

ca. 560 kcal/2340 kJ

## BROKKOLIQUARK

Zubereitungszeit: ca. ¾ Std.

**Zutaten für 1 Portion:**

| |
|---|
| 400 g Brokkoli |
| ½ l Wasser |
| ½ TL Meersalz |
| 150 g Quark, 20% Fett i. Tr. |
| 1 TL vegetarische Gemüsebrühe (Trockenprodukt) |
| ½ TL geriebene Muskatnuß |
| 60 g geriebener Käse |

**Zubereitung:**

**1.** Den Brokkoli putzen, waschen und in kleine Röschen teilen. Die Stiele leicht schälen, längs halbieren und in 2 cm lange Stücke schneiden.
**2.** In leicht gesalzenem, kochendem Wasser etwa 18 Minuten garen.
**3.** Anschließend das Gemüse gut abtropfen lassen, den Quark hinzufügen und alles im Mixer oder mit dem Pürierstab zerkleinern.
**4.** Mit der vegetarischen Gemüsebrühe und der Muskatnuß abschmecken.
**5.** Den Brokkoliquark in eine Auflaufform geben, mit dem Käse bestreuen und im vorgeheizten Backofen 10 Minuten bei 200 °C überbacken.
ca. 493 kcal/2041 kJ
**(auf dem Foto: unten)**

## HEILBUTT IN GEMÜSESAUCE

Zubereitungszeit: ca. 1 Std.

**Zutaten für 1 Portion:**

| |
|---|
| 200 g Heilbutt |
| 1 EL Zitronensaft |
| ½ TL Kräutersalz |
| 200 g frische Champignons |
| 1 TL Butter |
| 1 Zwiebel |
| 300 g Tomaten |
| 200 g Karotten |
| 100 ml Wasser |
| 50 g saure Sahne |
| 1 TL vegetarische Gemüsebrühe (Trockenprodukt) |
| 2 EL feingehackte Petersilie |

**Zubereitung:**

**1.** Den Heilbutt mit dem Zitronensaft beträufeln, leicht salzen und im Kühlschrank kurze Zeit stehen lassen.
**2.** In der Zwischenzeit die Champignons putzen, waschen und feinblättrig schneiden. Die Butter in einem Topf schmelzen lassen und die Champignons bei mittlerer Hitze anbraten.
**3.** Die Zwiebel schälen und in feine Ringe schneiden.
Die Tomaten nach Belieben enthäuten und zerkleinern.
Die Karotten abschaben, längs vierteln und in Würfel schneiden.
**4.** Die Zwiebelringe, die Tomaten und die Karotten zu den Champignons geben, mit dem Wasser auffüllen und zugedeckt 15 bis 20 Minuten gar dünsten.
**5.** Den Heilbutt mit Küchenkrepp abtupfen und auf das Gemüse legen. 6 bis 8 Minuten köchelnd ziehen lassen.
**6.** Anschließend den Fisch mit einem Schaumlöffel vorsichtig herausnehmen und auf einer vorgewärmten Platte zugedeckt warmhalten.
**7.** Die Sahne mit der Champignon-Gemüse-Mischung verrühren und mit der vegetarischen Gemüsebrühe abschmecken. Mit der gehackten Petersilie bestreuen und zusammen mit dem Heilbutt servieren.
ca. 496 kcal/2053 kJ
**(auf dem Foto: Mitte)**

Tip:

Bedenken Sie bei der Zubereitung von Fisch immer die Regel der drei „S“: säubern – säuern – salzen.

## KRABBENCOCKTAIL

Zubereitungszeit: ca. 3/4 Std.

**Zutaten für 1 Portion:**

| |
|---|
| 1 kleiner Kopfsalat |
| 50 g Feldsalat, 1/2 Salatgurke |
| 100 g frische Champignons |
| 1 Orange, 1 Schalotte |
| 1 EL Zitronensaft |
| 1 TL Sonnenblumenöl |
| 3 EL Brottrunk |
| 2 EL Sahnedickmilch |
| 1 Bund Dill, gehackt |
| 1 Knoblauchzehe |
| 1/2 TL Kräutersalz |
| 1 Msp. Cayennepfeffer |
| 200 g Krabben |

**Zubereitung:**

**1.** Den Kopfsalat putzen, waschen, sorgfältig trocknen und eine Salatschüssel damit auslegen.

**2.** Den Feldsalat waschen und verlesen, die Salatgurke schälen und in kleine Würfel schneiden. Beides in eine zweite Salatschüssel geben.

**3.** Die Champignons waschen und in dünne Scheiben schneiden. Die Orange mit einem scharfen Messer schälen und die weiße Haut entfernen. Anschließend in kleine Stücke teilen.

**4.** Die Schalotte putzen, in feine Ringe schneiden und zusammen mit den Orangenstückchen und den Champignons zu dem Feldsalat und der Salatgurke geben.

**5.** Aus dem Zitronensaft, dem Sonnenblumenöl, dem Brottrunk und der Sahnedickmilch eine Sauce rühren.

**6.** Mit dem gehackten Dill, der gepreßten Knoblauchzehe, dem Kräutersalz und dem Cayennepfeffer abschmecken.

**7.** Diese Sauce über den gemischten Salat gießen, alles zusammen vorsichtig mischen und in der mit Salatblättern ausgelegten Schüssel anrichten.

**8.** Die gesäuberten Krabben dekorativ auf den Salat geben.

ca. 397 kcal/1643 kJ

**(auf dem Foto: oben)**

# FORELLE BLAU

Zubereitungszeit: ca. 3/4 Std.

**Zutaten für 1 Portion:**

| |
|---|
| 1 Karotte |
| 1 Zwiebel |
| 1 1/4 l Wasser |
| 1 Lorbeerblatt |
| 1 TL Zitronensaft |
| 1 Forelle (220–250 g) |
| 1 EL Zitronensaft |
| 1 TL Kräutersalz |

**Zubereitung:**

**1.** Die Karotte und die Zwiebel schälen und zerkleinern. Das Wasser zum Kochen bringen und das zerkleinerte Gemüse hinzufügen.

**2.** Das Lorbeerblatt dazugeben und mit dem Zitronensaft säuerlich abschmecken. Etwa 20 Minuten kochen lassen.

**3.** In der Zwischenzeit die Forelle ausnehmen und sorgfältig waschen. Dabei die umgebende Schleimhaut nicht verletzen.

**4.** Anschließend mit dem Zitronensaft beträufeln und mit dem Kräutersalz leicht würzen.

**5.** Den kochenden Sud vom Feuer nehmen und die Forelle hineingleiten lassen. Bei abgeschalteter Platte 8 bis 10 Minuten garen, nicht mehr kochen lassen.

Mit 400 g Gemüse oder Rohkost ergänzen.

ca. 182 kcal/753 kJ

# FORELLENSALAT

Zubereitungszeit: ca. 40 Min.

**Zutaten für 1 Portion:**

| |
|---|
| 1 hartgekochtes Ei |
| 200 g Chinakohl |
| 1 rote Zwiebel |
| 1 Fleischtomate |
| 1/3 Salatgurke (100 g) |

**Für die Sauce:**

| |
|---|
| 3 EL Brottrunk |
| 1 TL Olivenöl |
| 1/2 TL Kräutersalz |
| 125 g geräucherte Forelle |
| 5 Oliven |
| 1 EL gehackte Petersilie |

**Zubereitung:**

**1.** Das Ei pellen und vierteln. Den Chinakohl putzen, waschen, zerpflücken und gut abtropfen lassen.

**2.** Die Zwiebel schälen und in Ringe schneiden. Den Stengelansatz der Tomaten entfernen und die Tomate achteln. Die Gurke schälen und in dünne Scheiben schneiden.

**3.** Den Chinakohl, die Zwiebelringe, die Tomate und die Gurke in einer Salatschüssel miteinander mischen.

**4.** Für die Sauce den Brottrunk, das Olivenöl und das Kräutersalz verrühren, über den Salat gießen und alles vermengen.

**5.** Die geräucherte Forelle von den Gräten befreien und in kleine Stücke teilen. Zusammen mit den Oliven auf dem Salat verteilen.

**6.** Mit den Eivierteln und der Petersilie garnieren.

ca. 454 kcal/1879 kJ

# WURSTSALAT

Zubereitungszeit: ca. 1/2 Std.

**Zutaten für 1 Portion:**

| |
|---|
| 1 grüne Paprikaschote |
| 150 g Möhren |
| 1 milde rote Zwiebel |
| 100 g Radieschen |
| 2 Tomaten |
| 100 g Geflügelwurst |

**Für die Sauce:**

| |
|---|
| 3 EL Obstessig |
| 1 TL Sonnenblumenöl |
| 1/2 TL Kräutersalz |
| 1/2 TL Apfeldicksaft |
| 1 TL gehackte Petersilie |

**Zubereitung:**

**1.** Die Paprikaschote von den Kernen befreien und in feine Streifen schneiden. Die Möhren schälen und fein stifteln.

**2.** Die Zwiebel, die Radieschen und die gesäuberten Tomaten in feine Ringe schneiden und alles mischen.

**3.** Die Geflügelwurst in kleine Würfel schneiden und ebenfalls zum Salat geben.

**4.** Aus dem Obstessig, dem Sonnenblumenöl, dem Kräutersalz und dem Apfeldicksaft eine Sauce rühren und mit dem Wurstsalat vermengen.

**5.** Kurze Zeit durchziehen lassen und mit der Petersilie bestreut servieren.

ca. 474 kcal/1962 kJ

**(auf dem Foto: links)**

## GRÜNER SALAT MIT SELLERIE-EI-HAPPEN

Zubereitungszeit: ca. 50 Min.

**Zutaten für 1 Portion:**

| |
|---|
| 1 kleiner Kopfsalat (150 g) |
| 1 kleine Sellerieknolle (200 g) |
| 1/3 Salatgurke (100 g) |
| 100 ml Sahnedickmilch |
| 1 EL Zitronensaft |
| 1 Msp. Cayennepfeffer |
| 1–2 Knoblauchzehen |
| 1 TL Kräutersalz |
| 2 hartgekochte Eier, 1 TL Sesam |

**Zubereitung:**

**1.** Die Salatblätter waschen, gut abtropfen lassen und einen Teller damit auslegen.
**2.** Die Sellerieknolle waschen und in reichlich Wasser 20 bis 25 Minuten garen. Anschließend abkühlen lassen, schälen und in kleine Würfel schneiden.
**3.** Die Gurke in 1 cm große Würfel schneiden.
**4.** Die Sahnedickmilch mit dem Zitronensaft, dem Cayennepfeffer, dem gepreßten Knoblauch und dem Kräutersalz verrühren, mit dem Sellerie und der Gurke mischen und auf dem Salat anrichten.
**5.** Die Eier pellen, vierteln und auf dem Salat rundherum dekorativ anrichten.
**6.** In der Zwischenzeit den Sesam in einer Pfanne ohne Fett kurz anrösten und über den Salat streuen. Dann sofort servieren.

ca. 458 kcal/1896 kJ
**(auf dem Foto: rechts)**

Tip:

Wenn Sie die Salatgurke mit Schale verwenden möchten, waschen Sie sie vorher sorgfältig ab.

## GEFLÜGELSALAT

Zubereitungszeit: ca. 35 Min.

**Zutaten für 1 Portion:**

- 150 g gegartes Hühnerfleisch
- 100 g roher Sellerie
- 125 g frische Champignons
- 200 g Eisbergsalat
- 1 Fleischtomate
- 1 Scheibe frische Ananas

**Für die Sauce:**

- 1 TL Sonnenblumenöl
- 30 ml Brottrunk
- 2 EL Sahnedickmilch
- ½ TL vegetarische Streuwürze
- 1 TL Apfeldicksaft
- ½ TL gemahlener Rosmarin
- ½ TL Estragon
- ½ TL Rosenpaprika

**Zubereitung:**

**1.** Das Hühnerfleisch in Streifen, den Sellerie in sehr feine Stifte schneiden. Die Champignons putzen und in kleine Stücke hacken.

**2.** Den gewaschenen Eisbergsalat, die Tomate und die frische Ananas in kleine Stücke teilen und zusammen mit dem Hühnerfleisch, den Selleriestiften und den Champignons vermischen.

**3.** Aus dem Sonnenblumenöl, dem Brottrunk, der Sahnedickmilch, der vegetarischen Streuwürze und dem Apfeldicksaft eine Sauce rühren.

**4.** Mit dem Rosmarin und dem Estragon abschmecken und mit dem Salat vermengen. Zuletzt mit dem Rosenpaprika bestäuben und kühl servieren.

ca. 452 kcal/1871 kJ

**(auf dem Foto: oben)**

## EIERSALAT

Zubereitungszeit: ca. ½ Std.

**Zutaten für 1 Portion:**

- 2 hartgekochte Eier
- 1 Apfel
- ½ Salatgurke
- 2 Tomaten
- 1 Zwiebel

**Für die Sauce:**

- 3 EL Brottrunk
- 3 EL süße Sahne, 30% Fett
- 1 TL Kräutersalz
- 2 EL Schnittlauch, fein geschnitten
- ½ TL Liebstöckel, gerebelt
- ½ TL Rosenpaprika
- 1 EL feingehackter Dill

**Zubereitung:**

**1.** Die Eier pellen und in Scheiben schneiden.

**2.** Den Apfel waschen, vom Kerngehäuse befreien und in kleine Schnitze teilen.

**3.** Die Gurke schälen und hobeln und die gewaschenen Tomaten in dünne Scheiben schneiden.

**4.** Die geschälte Zwiebel klein würfeln und alles miteinander mischen.

**5.** Für die Sauce den Brottrunk, die süße Sahne, Kräutersalz, den feingeschnittenen Schnittlauch miteinander verrühren und über den Eiersalat geben.

**6.** Mit dem Liebstöckel und dem Rosenpaprika abschmecken. Zum Schluß mit dem gehackten Dill bestreuen, kühl stellen und etwas durchziehen lassen.

ca. 394 kcal/1631 kJ

**(auf dem Foto: unten)**

## GEFLÜGELSUPPE „GÄRTNER ART"

Zubereitungszeit: ca. 1 Std.

**Zutaten für 1 Portion:**

- 80 g Blumenkohl
- 1 kleine Stange Lauch (100 g)
- 1 Stange Staudensellerie (50 g)
- 100 g Möhren
- 1 kleiner Kohlrabi (150 g)
- 6 Erbsenschoten (insgesamt 400–500 g Gemüse)
- 1 kleine Zwiebel
- 1 TL Butter
- 150 g Hähnchenbrust
- ½ l Wasser
  1 EL vegetarische Gemüsebrühe (Trockenprodukt)
- ¼ TL frisch geriebene Muskatnuß
- 2 EL gehackte Kräuter (Liebstöckel, Petersilie)

**Zubereitung:**

**1.** Das Gemüse putzen und waschen. Den Blumenkohl in kleine Röschen teilen. Den Lauch, den Staudensellerie und die Möhren in 1 cm breite Scheiben schneiden. Den Kohlrabi stifteln und von den feinen Erbsenschoten die Enden abschneiden.

**2.** Anschließend die Zwiebel fein hacken und in der Butter glasig dünsten.

**3.** Die Hähnchenbrust in feine Würfel schneiden und zu der Zwiebel geben. Das Gemüse hinzufügen und mit der Brühe auffüllen.

**4.** 20 bis 25 Minuten köcheln lassen, mit der frisch geriebenen Muskatnuß abschmecken und mit den gehackten Kräutern bestreuen.

ca. 459 kcal/1900 kJ

**(auf dem Foto: Mitte)**

# RINDERFILET MIT LAUCHGEMÜSE

Zubereitungszeit: ca. 35 Min.

**Zutaten für 2 Portionen:**

| |
|---|
| 2–3 Lauchstangen (ca. 800 g) |
| 1 ½ EL Butter |
| ⅛ l vegetarische Gemüsebrühe (hergestellt aus Instantpulver) |
| 5 EL Sahne |
| 360 g Rinderfilet |
| 1–2 TL Meersalz |
| 1 ½ EL ungehärtetes Kokosfett |
| 2 EL saure Sahne |
| 1 TL Paprikapulver edelsüß |

**Zubereitung:**

**1.** Den Lauch putzen, der Länge nach halbieren und waschen. Anschließend in 1 cm breite Streifen schneiden.

**2.** Die Butter in einem Topf schmelzen lassen und den Lauch darin unter Rühren zart andünsten. Die Gemüsebrühe hinzufügen und den Lauch bei mittlerer Hitze zugedeckt etwa 10 Minuten garen. Mit der Sahne verfeinern.

**3.** In der Zwischenzeit das Rinderfilet kurz waschen, trockentupfen und mit dem Salz einreiben. Das Kokosfett in einer Pfanne erhitzen und das Fleisch darin rundherum anbraten. Dann zugedeckt bei nicht zu starker Hitze etwa 20 Minuten schmoren.

**4.** Das Fleisch in Scheiben schneiden und zusammen mit dem Lauchgemüse auf zwei Tellern anrichten. Je einen Klecks saure Sahne auf das Gemüse geben und es mit dem Paprikapulver fein bestäuben.

ca. 560 kcal/2340 kJ

# CEVAPCICI AUF PAPRIKAGEMÜSE

Zubereitungszeit: ca. 3/4 Std.

**Zutaten für 2 Portionen:**

**Für das Gemüse:**

| |
|---|
| 1 mittelgroße Zwiebel |
| 2 rote Paprikaschoten |
| 2 grüne Paprikaschoten |
| 1 EL Sonnenblumenöl |
| 2 TL vegetarische Gemüsebrühe (Instantpulver) |
| 1 TL Paprikapulver edelsüß |

**Für die Ćevapčiči:**

| |
|---|
| 1 kleine Zwiebel |
| 2–3 Knoblauchzehen |
| 1 kleines Ei |
| 300 g Rinderhackfleisch |
| 1 TL Meersalz |
| 1 Msp. Cayennepfeffer |
| 1–2 TL Paprikapulver rosenscharf |
| 1 EL Olivenöl |

**Zubereitung:**

**1.** Für das Gemüse die Zwiebel schälen und in feine Ringe schneiden. Die Paprikaschoten putzen, waschen und in grobe Würfel schneiden.

**2.** Das Öl in einer beschichteten Pfanne nicht zu stark erhitzen und Zwiebeln sowie Paprika darin unter Rühren 8 bis 10 Minuten dünsten.

**3.** Das Gemüse mit der vegetarischen Brühe und dem edelsüßen Paprika würzen. Eventuell etwas Wasser hinzufügen. Dann alles zugedeckt auf kleiner Flamme bißfest garen.

**4.** Inzwischen für die Ćevapčiči die Zwiebel schälen, sehr fein hacken und zusammen mit dem geschälten, durchgepreßten Knoblauch und dem Ei zum Hackfleisch geben.

**5.** Alles gut verkneten und mit Salz, Cayennepfeffer und rosenscharfem Paprikapulver kräftig würzen.

**6.** Aus dem Fleischteig etwa 6 cm lange, daumendicke Röllchen formen.

**7.** Das Öl in einer Pfanne erhitzen und die Hackfleischröllchen darin von allen Seiten knusprig braun braten.

**8.** Das Gemüse auf eine vorgewärmte Platte geben und die Ćevapčiči darauf anrichten.

ca. 540 kcal/2270 kJ

Tip:

Das Paprikagemüse können Sie auch anstatt des Lauchgemüses zum Rinderfilet (Rezept siehe links) servieren.

## PROVENZALISCHE FISCHSUPPE

Zubereitungszeit: ca. 1 Std.

**Zutaten für 1 Portion:**

| |
|---|
| 1 kleine Stange Porree |
| 1 kleine Fenchelknolle |
| 2 mittelgroße Möhren |
| 100 g Sellerieknolle |
| 1–2 Tomaten, 1 Zwiebel |
| 1 TL ungehärtetes Pflanzenfett |
| 200 g Kabeljau oder frische Fischreste |
| 100 ml trockener Weißwein |
| 650 ml Wasser |
| 1–2 Knoblauchzehen |
| 1 TL vegetarische Gemüsebrühe (Trockenprodukt) |
| ¾ TL Kräuter der Provence |
| ½ TL Thymian |
| 2 EL süße Sahne, 30% Fett |
| 1 EL feingehackte Petersilie |

**Zubereitung:**

**1.** Den Porree waschen und in Ringe schneiden.
**2.** Fenchel, Möhren und Sellerie zerkleinern. Die Tomaten in kleine Würfel schneiden.
**3.** Die Zwiebel hacken und in dem Fett glasig dünsten. Das Gemüse hinzufügen und bei schwacher Hitze kurze Zeit mit andünsten.
**4.** Den gesäuberten, in Stücke geteilten Fisch zum Gemüse geben und mit Wein und Wasser auffüllen.
**5.** Mit dem gepreßten Knoblauch, der Brühe und den Gewürzen abschmecken. Alles zum Kochen bringen und zugedeckt 30 bis 40 Minuten garen.
**6.** Die Suppe mit der Sahne und Petersilie verfeinern.
ca. 495 kcal/2045 kJ

## HÄHNCHEN-GESCHNETZELTES „CHINESISCHE ART“

Zubereitungszeit: ca. 25 Min.

**Zutaten für 1 Portion:**

| |
|---|
| 100 g gekochtes Hähnchenfleisch |
| 100 g Chinakohl |
| 1 TL ungehärtetes Pflanzenfett |
| 1 Zwiebel, gewürfelt |
| ½ l Wasser |
| ½ TL vegetarische Gemüsebrühe (Trockenprodukt) |
| 2 Selleriestangen |
| 1 EL ungeschwefelte Rosinen |
| ½ TL Curry, 1 Msp. Kardamom |
| 1 Msp. Nelkenpulver |
| 1 EL süße Sahne, 30% Fett |
| 100 g frische Ananas |
| 1 TL Mandelblättchen |

**Zubereitung:**

**1.** Das gekochte Hähnchenfleisch und den Chinakohl in Streifen schneiden. Das Fett in einer Pfanne erhitzen, die Zwiebelwürfel und den Chinakohl hinzufügen und unter ständigem Rühren anbraten.
**2.** Mit Wasser auffüllen und mit der vegetarischen Gemüsebrühe würzen.
**3.** Die Selleriestangen waschen, in etwa 1 cm lange Stücke schneiden und zusammen mit dem Hähnchenfleisch und den Rosinen zum Chinakohl geben. Zugedeckt etwa 5 Minuten garen.
**4.** Mit den Gewürzen leicht scharf abschmecken und mit der Sahne abrunden.
**5.** Die in Stücke geschnittene Ananas kurz miterwärmen und mit den Mandelblättchen bestreut servieren.
ca. 364 kcal/1507 kJ

## GRÜNE BOHNEN MIT LAMMFLEISCH

Zubereitungszeit: ca. 1 Std.

**Zutaten für 1 Portion:**

| |
|---|
| 125 g Lammfleisch |
| 1 TL ungehärtetes Pflanzenfett |
| 1 gehackte Zwiebel |
| ½ l Wasser |
| 1 TL vegetarische Gemüsebrühe (Trockenprodukt) |
| ½ TL gerebelter Rosmarin |
| ½ TL Salbei |
| ½ Knoblauchzehe |
| 400 g grüne Bohnen |
| 1 Stengel Bohnenkraut |
| 1–2 Dosierlöffel Nestargel |

**Zubereitung:**

**1.** Das Lammfleisch vom Fett befreien und in kleine Würfel schneiden.
**2.** Das Fett in einem Schmortopf erhitzen und das Fleisch kurz anbraten. Die Zwiebelwürfel dazugeben und goldgelb dünsten.
**3.** Mit Wasser auffüllen und mit der vegetarischen Gemüsebrühe, dem Rosmarin, dem Salbei und der gepreßten Knoblauchzehe würzen. Etwa 30 Minuten zugedeckt leicht köcheln lassen.
**4.** In der Zwischenzeit die Bohnen putzen, in Stücke schneiden und mit dem Bohnenkraut zum Lammfleisch geben. Weitere 20 bis 25 Minuten garen lassen.
**5.** Mit dem Nestargel andikken und heiß servieren.
ca. 451 kcal/1867 kJ
**(auf dem Foto: links)**

## LAMMKOTELETTS AUF WIRSING

Zubereitungszeit: ca. 1 Std.

**Zutaten für 1 Portion:**

| |
|---|
| 2 Lammkoteletts (125 g) |
| 1–3 Knoblauchzehen |
| 1 TL ungehärtetes Pflanzenfett |
| ½ TL Kräutersalz, 5 EL Wasser |
| 1 Msp. feingemahlener Rosmarin |
| 1 Msp. Thymian |
| 1 Msp. geriebene Muskatnuß |
| 1 EL süße Sahne, 30% Fett |

**Für das Gemüse:**

| |
|---|
| 1 Schalotte |
| 350 g Wirsing |
| 1–2 Möhren, 1 TL Butter |
| 1 gestr. TL vegetarische Gemüsebrühe (Trockenprodukt) |
| ½ TL geriebene Muskatnuß |

**Zubereitung:**

**1.** Das Fleisch waschen, abtupfen und mit einem scharfen Messer in die Oberfläche kleine waagerechte Einschnitte setzen. Die abgeschälten Knoblauchzehen in Stifte oder Scheiben schneiden und die Fleischtaschen damit füllen.

**2.** Das Fett in einer beschichteten Pfanne erhitzen und die Koteletts pro Seite 5 bis 7 Minuten braten. Mit dem Kräutersalz würzen und zur Seite schieben.

**3.** Den Bratfond mit dem Wasser ablöschen und mit dem Rosmarin, dem Thymian und der geriebenen Muskatnuß abschmecken.

**4.** Die Sauce mit der Sahne legieren, die Koteletts zugeben und alles noch ein paar Minuten köcheln lassen.

**5.** Für das Wirsinggemüse die Schalotte hacken, den Wirsing waschen und nur leicht abgetropft in feine Streifen schneiden.

**6.** Die Möhren schälen, längs vierteln und in gleichmäßig große Stücke schneiden.

**7.** Die Butter in einem Topf zerlassen, nicht bräunen, und die Schalotten darin glasig dünsten. Den Wirsing und die Möhren dazugeben, wenig Wasser auffüllen und mit der Gemüsebrühe würzen.
15 bis 18 Minuten garen und zwischendurch umrühren. Mit der abgeriebenen Muskatnuß würzen.

**8.** Das Wirsinggemüse mit den Lammkoteletts und der Sauce servieren.

ca. 527 kcal/2181 kJ

**(auf dem Foto: rechts)**

# RATATOUILLE MIT SCHAFSKÄSE

Zubereitungszeit: ca. 40 Min.

**Zutaten für 1 Portion:**

| |
|---|
| 1 Zwiebel, 1 TL Pflanzenfett |
| 1 mittelgroße Aubergine |
| 2 Tomaten |
| 1 gelbe Paprikaschote |
| 1 kleiner Zucchino |
| 100 ml Wasser, ½ TL Oregano |
| ½ TL Kräuter der Provence |
| 1 Msp. Cayennepfeffer |
| ½ TL Rosmarin, ½ TL Liebstöckel |
| 1 Knoblauchzehe |
| 1 TL vegetarische Gemüsebrühe (Trockenprodukt) |
| 2 EL süße Sahne, 30% Fett |
| 60 g Schafskäse |

**Zubereitung:**

**1.** Die Zwiebel in feine Ringe schneiden und in dem Fett glasig dünsten.

**2.** Die Aubergine waschen, vom Stielansatz befreien, kleinwürfeln und zu den Zwiebeln geben.

**3.** Die Tomaten überbrühen, abschrecken, von der Haut befreien, zerkleinern und ebenfalls in der Pfanne mitdünsten.

**4.** Die Paprikaschote halbieren, säubern, in Streifen schneiden und mit dem in Würfel geschnittenen Zucchino zu der Ratatouille geben. Mit dem Wasser auffüllen.

**5.** Mit dem Oregano, den Kräutern der Provence, dem Cayennepfeffer, dem Rosmarin und dem Liebstöckel kräftig abschmecken.

**6.** Den gepreßten Knoblauch unterrühren und mit der vegetarischen Gemüsebrühe würzen. 10 bis 15 Minuten zugedeckt auf kleiner Flamme garen und zuletzt mit der Sahne verfeinern.

**7.** Zum Schluß den Schafskäse zerbröseln, auf die Ratatouille geben und zugedeckt 5 Minuten erwärmen, bis der Käse geschmolzen ist.

ca. 405 kcal/1677 kJ

Tip:

Statt des Käses können Sie 100 g Rinderhackfleisch mitgaren.

# GEMÜSE-RINDER-GULASCH

Zubereitungszeit: ca. 2 Std.

**Zutaten für 1 Portion:**

- 1 Zwiebel
- 150 g mageres Rindfleisch
- 1 TL ungehärtetes Pflanzenfett
- 1 TL Rosenpaprika
- ½ l Wasser, 1 große Möhre
- 200 g Stangenbohnen
- 1 rote Paprikaschote
- 1 Fleischtomate
- 1 Knoblauchzehe
- 1 TL vegetarische Gemüsebrühe (Trockenprodukt)
- je ½ TL Kräuter der Provence, Bohnenkraut und Rosmarin
- 2 EL süße Sahne, 30% Fett

**Zubereitung:**

**1.** Die Zwiebel schälen und fein würfeln. Das Fleisch in kleine Stücke schneiden und zusammen mit der Zwiebel und dem Fett andünsten.
**2.** Mit dem Rosenpaprika bestäuben und mit dem Wasser auffüllen.
**3.** Die Möhre, die Stangenbohnen und die Paprikaschote putzen, waschen und in Stücke schneiden.
**4.** Die Tomate häuten, würfeln und zusammen mit den Möhren-, Bohnen- und Paprikastücken zu dem Fleisch geben.
**5.** Die Knoblauchzehe hineinpressen und mit der Brühe, Kräutern der Provence, Bohnenkraut und Rosmarin würzen.
**6.** 1 bis 1½ Stunden auf kleiner Flamme gar schmoren und mit der Sahne verfeinern.
ca. 468 kcal/1937 kJ

# HACKFLEISCH-RAGOUT

Zubereitungszeit: ca. 50 Min.

**Zutaten für 1 Portion:**

- 1 Gemüsezwiebel
- 200 g Stangenbohnen
- je 1 Paprikaschote und Fleischtomate
- 1 TL ungehärtetes Pflanzenfett
- 100 g Rinderhackfleisch
- 200 ml Wasser
- 1 TL vegetarische Gemüsebrühe (Trockenprodukt)
- ¼ TL Bohnenkraut, gerebelt
- ¼ TL Paprika, edelsüß
- ¼ TL Rosenpaprika
- 2 EL saure Sahne

**Zubereitung:**

**1.** Die Zwiebel schälen und in feine Streifen schneiden.
**2.** Die Bohnen waschen, putzen und in 2 bis 3 cm lange Stücke brechen.
**3.** Die Paprikaschote säubern und in Stücke schneiden.
**4.** Die Tomate mit kochendem Wasser überbrühen, kalt abschrecken, von der Haut befreien und zerkleinern.
**5.** Die Zwiebelstreifen im Fett glasig dünsten und das Rinderhackfleisch locker dazugeben.
**6.** Die Bohnen, Paprika und die zerkleinerte Tomate hinzufügen. Mit dem Wasser auffüllen und mit der Gemüsebrühe, dem Bohnenkraut, dem edelsüßen und dem Rosenpaprika würzen.
**7.** Das Gemüsehack 25 bis 30 Minuten nicht zu stark kochen lassen und zwischendurch umrühren. Zuletzt mit der sauren Sahne vermischen.
ca. 487 kcal/2016 kJ

# ÜBERBACKENES GEMÜSE

Zubereitungszeit: ca. 1 Std.

**Zutaten für 1 Portion:**

- 400 g Blumenkohl oder anderes Gemüse
- 100 g saure Sahne
- 60 ml frische Milch
- ½ TL Rosenpaprika
- ½ TL Curry
- ¼ TL geriebene Muskatnuß
- 1 TL vegetarische Gemüsebrühe (Trockenprodukt)
- 1 Knoblauchzehe
- 60 g grob geriebener Gouda

**Zubereitung:**

**1.** Den Blumenkohl waschen, in kleine Röschen teilen und in kochendem, leicht gesalzenem Wasser 10 bis 15 Minuten garen. Anschließend das Gemüse in eine mittelgroße Auflaufform schichten.
**2.** Für die Sauce die saure Sahne mit der Milch verquirlen und mit dem Rosenpaprika, dem Curry, der Muskatnuß und der gekörnten Brühe würzen.
**3.** Den Knoblauch durch die Knoblauchpresse drücken und mit der Sauce verrühren. Das Gemüse damit begießen und im Backofen bei 160 °C 20 bis 25 Minuten überbacken.
**4.** Mit dem geriebenen Käse bestreuen und nochmals 5 Minuten backen, bis der Käse geschmolzen ist.
ca. 467 kcal/1933 kJ

# PUTENSPIESSE MIT TOMATENSALAT

Zubereitungszeit: ca. 55 Min.

**Zutaten für 2 Portionen:**

**Für den Salat:**

| |
|---|
| 500 g Fleischtomaten |
| 1 mittelgroße Gemüsezwiebel |
| 1 TL Kräutersalz |
| 1 TL Sonnenblumenöl |
| 1 Zweig Basilikum |

**Für die Spieße:**

| |
|---|
| 1 rote Paprikaschote |
| 1 grüne Paprikaschote |
| 4 mittelgroße Zwiebeln |
| 12 Kirschtomaten |
| 12 kleine Champignons |
| 350 g Putenbrustfleisch |
| 2–3 EL Zitronensaft |
| 5 EL Sonnenblumenöl |
| 1 TL gehackter Thymian |
| 1 TL Meersalz |
| 1 TL Paprikapulver edelsüß |
| 1 Knoblauchzehe |

**Zubereitung:**

**1.** Für den Salat die Tomaten waschen und die Stielansätze herausschneiden. Die Tomaten in schmale Spalten schneiden.
**2.** Die Zwiebel schälen, in dünne Ringe schneiden und mit den Tomaten mischen.
**3.** Den Salat mit Kräutersalz würzen, mit Sonnenblumenöl beträufeln und mit den gewaschenen Basilikumblättern garnieren. Beiseite stellen.
**4.** Für die Spieße die Paprikaschoten putzen, waschen und in grobe Stücke schneiden.
**5.** Die Zwiebeln schälen und vierteln. Die Tomaten waschen und die Stielansätze herausschneiden.
**6.** Die Champignons putzen, kurz waschen und die Stiele herausdrehen.
**7.** Das Fleisch kurz abspülen, trockentupfen und in 2 cm große Würfel schneiden.
**8.** Fleisch und Gemüse in bunter Reihenfolge auf Spieße stecken und mit Zitronensaft beträufeln.
**9.** Aus Sonnenblumenöl, Thymian, Salz und Paprikapulver eine Marinade rühren und die geschälte, durchgepreßte Knoblauchzehe dazugeben.
**10.** Die Spieße rundherum mit der Marinade einpinseln. In einer Grillpfanne oder unter dem Grill 20 bis 25 Minuten grillen. Zwischendurch wenden und erneut mit der Marinade bestreichen.
ca. 510 kcal/2140 kJ

# PUTENSCHNITZEL MIT SOMMERSALAT

Zubereitungszeit: ca. 35 Min.

**Zutaten für 2 Portionen:**

**Für den Salat:**

| |
|---|
| 1 großer Apfel |
| 1–2 EL Zitronensaft |
| ½ Staude Bleichsellerie |
| 1 kleiner Kopf Lollo rosso |
| 75 g Feldsalat |
| 3 Tomaten |

**Für die Sauce:**

| |
|---|
| 1 EL kaltgepreßtes Sonnenblumenöl |
| 2 EL Zitronensaft |
| 1 TL Kräutersalz |
| 1 TL Frutilose |
| 2 EL gehackte Petersilie |

**Für die Putenschnitzel:**

| |
|---|
| 2 Putenschnitzel à 150 g |
| 1 TL Kräutersalz |
| 1 EL ungehärtetes Kokosfett |
| 2 EL Mandelblättchen |
| 80 g Sahne |

**Zubereitung:**

**1.** Den Apfel waschen, vierteln, entkernen, in kleine Stücke schneiden und mit dem Zitronensaft beträufeln, damit er nicht braun wird.

**2.** Den Sellerie putzen, waschen und in feine Scheiben schneiden. Den Lollo rosso und den Feldsalat putzen, verlesen, waschen und in mundgerechte Stücke zupfen.

**3.** Die Tomaten waschen, die Stielansätze herausschneiden und die Früchte kleinwürfeln. Die Salatzutaten in einer Schüssel mischen.

**4.** Für die Sauce das Öl mit dem Zitronensaft und 100 ml Wasser verrühren. Mit Kräutersalz, Frutilose und gehackter Petersilie würzen.

**5.** Die Sauce über den Salat gießen, alles mischen und kurze Zeit durchziehen lassen.

**6.** In der Zwischenzeit die Putenschnitzel waschen, trockentupfen und mit dem Kräutersalz würzen.

**7.** Das Fett in einer Pfanne erwärmen und die Putenschnitzel darin auf beiden Seiten jeweils 4 bis 5 Minuten braten. Sie anschließend an den Pfannenrand schieben.

**8.** Nun die Mandelblättchen kurz in der Pfanne anrösten. Dann den Bratensatz mit 5 Eßlöffeln Wasser und der Sahne ablöschen und die Sauce mit etwas Kräutersalz nachwürzen.

**9.** Die Putenschnitzel zusammen mit der Sauce und dem Salat servieren.

ca. 500 kcal/2090 kJ

## FISCHGRATIN

Zubereitungszeit: ca. 1¼ Std.

**Zutaten für 2 Portionen:**

| |
|---|
| 600 g Blattspinat |
| 1 Zwiebel |
| 1 EL kaltgepreßtes Sonnenblumenöl |
| 1 EL vegetarische Gemüsebrühe (Instantpulver) |
| 4 EL Sahne |
| 1–2 Knoblauchzehen |
| 400 g Lachsforellenfilets |
| 2–3 EL Zitronensaft |
| 1 TL Meersalz |
| 100 g Butterkäse, 60% Fett i. Tr. |

**Zubereitung:**

**1.** Den Spinat gut waschen, kurz in kochendem Wasser blanchieren, abtropfen lassen und in Stücke schneiden. Das Blanchierwasser aufheben.

**2.** Die Zwiebel schälen und fein würfeln. Das Öl in einer Pfanne nicht zu stark erhitzen und die Zwiebel darin glasig dünsten. Den Spinat hinzufügen und das Ganze mit der vegetarischen Gemüsebrühe würzen. Die Sahne und 80 ml des Blanchierwassers hinzugeben und den geschälten Knoblauch hineinpressen.

**3.** Den Backofen auf 200 °C vorheizen. Die Fischfilets mit dem Zitronensaft beträufeln und leicht salzen.

**4.** Die Hälfte des Spinats in eine Auflaufform geben und die Fischfilets darauf legen. Mit dem restlichen Spinat bedecken.

**5.** Den Käse in dünne Scheiben schneiden und auf das Gemüse legen. Das Gratin 20 bis 25 Minuten backen.

ca. 530 kcal/2220 kJ

# FISCHFILET MIT CHAMPIGNONSAUCE

Zubereitungszeit: ca. 3/4 Std.

**Zutaten für 2 Portionen:**

**Für die Sauce:**

1 Bund Frühlingszwiebeln
400 g Champignons
1 EL Butter
1 EL Zitronensaft
1/4 l vegetarische Gemüsebrühe (hergestellt aus Instantpulver)
1 Msp. Safranpulver
50 g Sahne
nach Belieben 2–3 Meßlöffel pflanzliches Bindemittel (Nestargel) aus dem Reformhaus

**Für den Fisch:**

400 g Fischfilet (Rotbarsch, Seelachs oder Scholle)
1 TL Meersalz
2 EL kaltgepreßtes Sonnenblumenöl
4 Zitronenachtel

**Zubereitung:**

**1.** Die Frühlingszwiebeln putzen. Die weißen Teile vierteln, das Grün in Ringe schneiden. Die Champignons putzen, kurz waschen und in feine Scheiben schneiden.

**2.** Die Butter in einer Pfanne schmelzen lassen und Zwiebeln sowie Pilze darin andünsten. Alles mit dem Zitronensaft beträufeln und die vegetarische Gemüsebrühe angießen.

**3.** Die Sauce mit dem Safran und der Sahne verfeinern und nach Belieben mit dem Nestargel nach Packungsanweisung leicht binden.

**4.** Die Fischfilets kurz waschen, trockentupfen und mild salzen. Das Öl in einer weiteren Pfanne nicht zu stark erhitzen und die Filets darin bei mittlerer Hitze von jeder Seite etwa 5 Minuten braten (nehmen Sie am besten eine beschichtete Pfanne).

**5.** Den Fisch auf zwei Tellern anrichten und zusammen mit dem Pilzgemüse und den Zitronenachteln servieren.
ca. 490 kcal/2050 kJ

Tip:

Essen Sie dazu einen neutralen Salat (siehe Seite 64 und 69 bis 73).

## SCHOLLENRÖLLCHEN

Zubereitungszeit: ca. ½ Std.

**Zutaten für 2 Portionen:**

- 2 Orangen
- 400 g Schollenfilets
- 1 TL Kräutersalz
- 1 EL Butter
- 3 EL Sahne
- 3 EL gehackter Dill

**Zubereitung:**

**1.** Die eine Orange auspressen. Die andere Orange sorgfältig schälen, dabei auch die weiße Haut entfernen. Die Filets mit einem spitzen Messer aus den Trennhäuten herausschneiden.

**2.** Die Schollenfilets waschen, trockentupfen, der Länge nach in 3 cm breite Streifen schneiden und leicht salzen.

**3.** Je 1 Orangenfilet auf einen Schollenstreifen legen, ihn zusammenrollen und mit einem Holzspießchen feststecken.

**4.** Die Butter in einer Pfanne schmelzen lassen und die Fischröllchen hineinsetzen. 100 ml Wasser und den Orangensaft angießen und den Fisch zugedeckt bei schwacher Hitze in etwa 8 Minuten garziehen lassen.

**5.** Zuletzt die Sahne in den Kochsud einrühren und das Gericht mit dem gehackten Dill bestreuen.

ca. 320 kcal/1340 kJ

**(auf dem Foto: unten)**

Tip:

Essen Sie dazu einen neutralen oder einen den Eiweißen zugeordneten Salat (siehe Seite 64 bis 73).

## CHAMPIGNON-RÜHREIER

Zubereitungszeit: ca. 20 Min.

**Zutaten für 2 Portionen:**

- 200 g Champignons
- 1 Zwiebel
- 1 EL kaltgepreßtes Sonnenblumenöl
- 4 Eier
- 80 ml Mineralwasser
- 4 EL Sahne
- Meersalz
- 2 EL Schnittlauchröllchen

**Zubereitung:**

**1.** Die Champignons putzen, kurz waschen und in feine Scheiben schneiden. Die Zwiebel schälen und fein würfeln.

**2.** Das Öl in einer Pfanne nicht zu stark erhitzen und Champignons sowie Zwiebelwürfel darin andünsten.

**3.** Die Eier mit dem Mineralwasser und der Sahne gut verquirlen und mit Meersalz würzen. Den Schnittlauch darunterrühren.

**4.** Die Eiermasse in die Pfanne über die Champignons gießen und bei geringer Hitzezufuhr stocken lassen. Zwischendurch umrühren.

ca. 345 kcal/1440 kJ

**(auf dem Foto: oben)**

Tip:

Essen Sie zu den Champignonrühreiern einen frischen neutralen oder einen den Eiweißen zugeordneten Salat (siehe Seite 64 bis 73).

## BROKKOLI-EIER-AUFLAUF

Zubereitungszeit: ca. 50 Min.

**Zutaten für 2 Portionen:**

- 500 g Brokkoli
- Meersalz
- 1 Gemüsezwiebel
- 2 TL Sonnenblumenöl
- 4 Tomaten
- 4 Eier
- 100 g saure Sahne
- 1–2 TL vegetarische Gemüsebrühe (Instantpulver)
- 1 TL Butter für die Form
- 40 g geriebener Parmesan

**Zubereitung:**

**1.** Die Brokkoli putzen, waschen und in kleine Röschen zerteilen. Die Stiele abschneiden, schälen und in 2 cm große Stücke schneiden. Die Brokkoli in Salzwasser in 10 Minuten bißfest garen.

**2.** Die Zwiebel schälen und in Scheiben schneiden. In dem Öl kurz anbraten.

**3.** Die Tomaten waschen und die Stielansätze herausschneiden. Die Früchte eventuell enthäuten, dann achteln und pürieren. Den Backofen auf 180 °C vorheizen.

**4.** Die Eier verquirlen und mit dem Tomatenpüree, der sauren Sahne sowie der Gemüsebrühe verquirlen.

**5.** Eine Auflaufform mit der Butter einfetten und Brokkoligemüse sowie Zwiebeln hineingeben. Die Eiermasse darübergießen, alles mit dem Parmesankäse bestreuen und etwa 20 Minuten backen.

ca. 525 kcal/2200 kJ

**(auf dem Foto: Mitte)**

## LAUCHAUFLAUF

Zubereitungszeit: ca. 50 Min.

**Zutaten für 1 Portion:**

- 400 g Lauch, 180 ml Wasser
- ½ vegetarischer Brühwürfel
- 1 Zwiebel
- 1 TL ungehärtetes Pflanzenfett
- 100 g Rinderhackfleisch
- 2 Tomaten
- 1 TL Paprika, edelsüß
- ⅛ l Wasser
- 1 Msp. Koriander
- ½ zerdrückte Knoblauchzehe
- je ½ TL Rosmarin und Thymian
- 2 EL süße Sahne, 30% Fett
- 30 g geriebener Käse

**Zubereitung:**

**1.** Den Lauch in feine Ringe schneiden. In einen Topf geben, knapp mit dem Wasser bedecken und mit dem Brühwürfel bei milder Hitze etwa 20 Minuten garen.
**2.** Die Zwiebel schälen, in Würfel schneiden und in dem Fett glasig dünsten. Das Hackfleisch locker mit anbraten.
**3.** Die Tomaten häuten, würfeln und zum Hackfleisch geben. Mit dem Paprikapulver bestäuben und mit dem Wasser auffüllen. 10 Minuten köcheln lassen.
**4.** Mit den Gewürzen mild abschmecken und die Sahne unterrühren.
**5.** Den Lauch in eine Auflaufform geben und mit der Hackfleischsauce übergießen.
**6.** Mit dem Käse bestreuen und im vorgeheizten Backofen 10 bis 15 Minuten bei 180 °C überbacken.
ca. 518 kcal/2144 kJ
**(auf dem Foto: oben)**

## PUSSTA-GULASCHSUPPE

Zubereitungszeit: ca. 2 Std.

**Zutaten für 1 Portion:**

- 125 g magerer Rinderbraten
- 1 TL ungehärtetes Pflanzenfett
- 1 Gemüsezwiebel (100 g)
- 1 TL Paprika, edelsüß
- ⅜ l Wasser
- 1 Fleischtomate (150 g)
- 1 grüne Paprikaschote (150 g)
- 1–2 Knoblauchzehen
- 1 Lorbeerblatt, ½ TL Kümmel
- 1 Msp. Cayennepfeffer
- je ½ TL Thymian, Oregano und vegetarische Gemüsebrühe (Trockenprodukt)
- 100 g Champignons
- 2 EL süße Sahne, 30% Fett

**Zubereitung:**

**1.** Das Fleisch abwaschen, trockentupfen und in kleine Würfel schneiden.
**2.** Das Fett erhitzen und das Fleisch anbraten.
**3.** Die Zwiebel in Ringe schneiden, dazugeben und glasig dünsten. Mit dem Paprikapulver bestäuben und mit dem Wasser auffüllen.
**4.** Die Tomate häuten, zerkleinern, die Paprikaschote in Streifen schneiden und beides zugeben.
**5.** Die gepreßten Knoblauchzehen, die Gewürze und die Brühe dazugeben.
**6.** Die frischen Champignons putzen, in Scheiben schneiden und ebenfalls in die Suppe geben. Zugedeckt 1 bis 1½ Stunden köcheln lassen.
**7.** Vor dem Servieren das Lorbeerblatt entfernen und die Sahne unterrühren.
ca. 435 kcal/1800 kJ
**(auf dem Foto: Mitte)**

## PAPRIKACREME MIT GESTOCKTEN EIERN

Zubereitungszeit: ca. 40 Min.

**Zutaten für 1 Portion:**

- 3 kleine Schalotten
- 1 TL Butter
- 300 g Paprikaschoten
- 200 g Tomaten
- ⅜ l Wasser
- 1 TL vegetarische Gemüsebrühe (Trockenprodukt)
- ½ TL Rosenpaprika
- ½ TL Oregano
- ½ TL Majoran
- ½ TL Kräuter der Provence
- 1 Msp. Cayennepfeffer
- 2 EL süße Sahne, 30% Fett
- 2 Eier, 2 EL Kresse

**Zubereitung:**

**1.** Die Schalotten schälen, fein hacken und in der zerlassenen Butter weichdünsten.
**2.** Die Paprikaschoten vom Kerngehäuse befreien und in feine Streifen schneiden. Die Tomaten nach Bedarf häuten und zerkleinern.
**3.** Die Paprikastreifen und die Tomaten zu den Schalotten geben, kurz mitdünsten, mit Wasser auffüllen und mit der Gemüsebrühe würzen.
**4.** Nach Geschmack mit den Gewürzen abschmecken. 15 bis 18 Minuten köcheln lassen.
**5.** Nach Wunsch die Suppe pürieren und mit der Sahne legieren.
**6.** Die Eier verschlagen und in die Suppe geben. Nochmals 5 Minuten bei schwacher Hitze ziehen lassen und mit der Kresse bestreut servieren.
ca. 427 kcal/1768 kJ
**(auf dem Foto: unten)**

# Rezeptverzeichnis

**Hauptgerichte mit Reis und anderen Getreidesorten**



**Hauptgerichte mit Nudeln**



**Hauptgerichte mit Fisch und Meeresfrüchten**



**Hauptgerichte mit Fleisch und Geflügel**



**Salate als Hauptgericht**



**Suppen und Eintöpfe als Hauptgericht**

**Erklärung der Symbole**
- ■ (rot) = Kohlenhydratgericht
- ■ (blau) = Eiweißgericht
- ■ (grau) = neutrales Gericht